독립·호국·민주의 미래와
보훈의 가치

보훈공단
보훈교육연구원
보훈문화총서
14

독립·호국·민주의
미래와 보훈의 가치

나라사랑신문·보훈교육연구원 기획
이찬수 정운현 김종성 박명림 이영자 심옥주 김진현 박경목 서보혁 지음

모시는사람들

독립 · 호국 · 민주의 정신과 정책,
보훈의 미래를 여는 제언들

독립·호국·민주는 대한한국 보훈(報勳)의 핵심 가치이자 정신입니다. 이에 따라 이 소중한 가치와 정신을 우리가 어떻게 기억하고 계승하여 왔는지, 또 이를 통해 앞으로 우리 사회를 어떠한 방향으로 나아가게 할 것인지를 고민하고 실천하는 것은 대한민국의 더 큰 미래를 위해 매우 중요한 일입니다.

애국은 대한민국의 '뿌리'입니다. 우리의 애국은 나라를 되찾고, 지키고, 바로 세운 힘이자 원동력이었으며, 가난을 이기고 세계 10위권 경제 강국으로 일어서는 바탕이 되었습니다. 정부는 이러한 애국의 역사를 기억·계승하고, 그 역사를 위해 희생과 헌신의 삶을 사셨던 분들께 국가의 책임을 다하기 위해 최선의 노력을 기울이고 있습니다.

보훈과 나라사랑 정신은 미래의 평화와 번영을 일구는 비옥한 '토양'입니다. 우리는 3·1운동 및 대한민국임시정부 수립 100주년과 6·25전쟁 70주년, 4·19혁명 60주년, 5·18민주화운동 40주년 등 각종 정부기념행사를 비롯해 홍범도 장군 유해봉환 등의 다양한 예우·선양 활동을 통해 '애국'을 되새기면서 보훈이 대한민국의 미래 발전에 큰 밑거름이 될 것임을 확인했습니다.

이에 나라사랑신문은 보훈교육연구원과 함께 대한민국 발전의 토대가 될 보훈의 미래를 준비하기 위해 2021년 한 해 동안 '보훈, 미래를 위한 제언'이라는 주제 아래 평화, 통일, 복지, 의료, 문화, 여성은 물론 보훈의 가치, 책무, 국제화, 미래 등 모두 열 가지 소주제를 선정, 이 분야 최고 전문가들의 필력을 통해 보훈의 미래를 위한 고언을 담았습니다. 그리고 이를 성공적으로 마무리하고, 그 결과를 『독립·호국·민주의 미래와 보훈의 가치』라는 제목의 단행본으로 발간하게 되어 매우 기쁘게 생각합니다.

2021년은 국가보훈처 창설 60주년이 되는 뜻깊은 해로, 지난 60년간 이룬 성과 못지않게 보훈을 바라보는 국민들과 보훈가족 분들의 눈높이가 높아지고 그 기대 또한 나날이 커져왔습니다. 이를 고려하면, 앞으로의 보훈은 '국가를 위한 희생과 헌신'에 대해 국가의 무한책임을 실현하고, 보훈가족의 영예로운 삶을 보장하며, 국제사회를 선도하는 정책이 보다 촘촘히 계획되고 실행되어야 할 것입니다. 특히, 그 숭고한 희생정신과 애국심을 기억·존경·감사하는 보훈문화를 '일상생활 속 문화'로 창출해 내는 일에도 역점을 두어야 합니다. 이를 통해 우리의 미래세대가 보훈문화 확산의 주역이 되고, 우리 사회 구성원들의 관심과 공감, 참여를 높이는 것이 보훈이 추구해야 할 목표이자 주요한 과제입니다.

그런 점에서 국가보훈처와 나라사랑신문사, 보훈교육연구원이 공동 기획하여 발간한 『독립·호국·민주의 미래와 보훈의 가치』는 현 시점에서 매우 의미 있는 이정표가 될 것입니다. 아울러, 이 단행본이 앞으로의 보훈정책을 수립하고 시행하는데 있어 중요한 길잡이이자 참고자료로서 널리 활용되기를 기대합니다.

끝으로,『독립·호국·민주의 미래와 보훈의 가치』를 성심껏 집
필해 주신 이찬수 보훈교육연구원 원장님, 정운현 전 국무총리
비서실장님, 김종성 전 국가보훈처 차장님, 박명림 연세대학교
교수님, 이영자 전 보훈교육연구원 연구원님, 심옥주 한국여성
독립운동연구소 소장님, 김진현 서울대학교 교수님, 박경목 서
대문형무소역사관 관장님, 서보혁 통일연구원 연구위원님께 깊
은 존경과 감사를 드립니다. 감사합니다.

2021년 12월

국가보훈처장 황 기 철

독립·호국·민주의 미래와
보훈의 가치

서론: 보훈, 미래를 위한 제언

나라사랑신문 특별취재반

독립과 호국, 그리고 민주주의를 향한 역사의 물결들이 어떻게 구비치며 오늘의 우리를 이곳으로 데려왔는가. 2019년 3·1운동 및 임시정부 수립 100주년, 2020년의 5·18민주화운동 40주년 및 6·25전쟁 70주년을 지나며 우리는 역사의 큰 흐름 속에서 그 굴곡들이 갖는 의미를 깊이 되새겼다. 지난 역사 속에서 '보훈'의 의미를 깊이 생각하며 보훈이 적극적으로 우리 공동체의 발전과 진보의 힘이 될 수 있음을 확인했다. 〈나라 사랑신문〉은 〈보훈교육연구원〉과 함께 이 흐름을 이어 새해 연간 기획 '보훈, 미래를 위한 제언'을 통해 미래보훈, 새로운 보훈의 가치를 심층 탐구하고자 한다.

우리는 지난 2년간 잇단 굵직한 행사들을 기념하며 국가와 국가의 위기극복, 그리고 대한민국의 오늘을 있게 한 유공자들 공헌들을 생각했다. 그리고 그 헌신과 공헌들이 오늘의 우리와 우리 공동체의 근간임을 확인했다. 이제는 그 '헌신과 공헌'에 대한

예우인 '보훈'이 새로운 가치로 거듭날 필요성을 깊이 생각해야
할 시점이다.

보훈에 대한 질문, 보훈의 가치

보훈은 이제까지 소극적이고 좁게 해석돼 보상과 복지라는 지
원에 머물러 있었지 않았는가. 더 역동적으로 우리 사회를 통합
하여 힘 있게 만들며, 미래로 전진하게 하는 동력으로 일깨우는
노력은 상대적으로 부족하지 않았는가. 곳곳에서 많은 담론들
이 생산되었지만 그것은 하나로 묶여지지 못했고, 정치적이거나
비정치적인 요인에 의해 설익은 채로 유실되기도 했다. 그래서
보훈과 국가유공자는 '그들만의 관심사'로 밀려나기 일쑤였다.

돌이켜보면 '왜 보훈인가'에 대한 원론적인 질문이 모자랐고,
보훈의 가치를 새겨 함께 나누려는 노력은 한계에 부딪쳤다. 그
리고 우리 사회 역시 보훈의 적극적 가치에 대해 무관심했다.

그러나 분명한 것은 오늘의 대한민국이 독립운동을 거쳐, 전
쟁의 와중에서 스스로를 지켜냈고, 민주주의 발전을 이뤄내며
비로소 자랑스러운 세계 속의 국가로 일어섰다는 사실이다. 여
기서 잊지 말아야 할 것은 이렇게 나라를 되찾고, 지키고, 바르

게 세우는 모든 과정에 주체로서의 '사람'이 있었다는 것, 그리고 그들의 목숨을 건 희생과 투쟁이 있었다는 것이다. 우리는 그들의 희생과 헌신과 목숨 바친 투쟁의 순간순간을 잊을 수 없다.

현대사의 고비마다 역경을 딛고 일어선, 그리고 기적을 일궈낸 이 대한민국의 역사를 잊는다면 우리에게 밝은 미래나 새로운 전진은 불가능하다. 이 피맺힌 장엄한 역사 위에 새로운 미래도 있고, 4차산업과 인공지능(AI)도 있으며, 지속가능한 개인의 삶도 있다. 오늘에 매몰돼 우리는 보훈이 역사이자, 생활이자, 미래임을 혹시 소홀히 하고 있는 것은 아닌가.

과거-현재-미래, 다시 생각하는 보훈

이제까지 보훈은 과거와 가까웠다. 독립유공자와 후손, 참전유공자, 민주유공자, 그들은 '과거'에 나라를 위해 헌신하신 분이었다. 그 과거를 보상하는 것이었으며, 과거를 예우하는 것이었다. 최선을 다해 예우한다고 했으나 과거는 현재나 미래와 대화하는 데 부족했으며 그 연결고리는 취약하기 그지없었다. 그래서 그분들이 돌아가시면 보훈은 형해화하고, 그분들의 분투는 역사책에 메마르게 기술될 수밖에 없는 듯 보였다.

그런가. 그 과거는 단순한 지나버린 세월에 불과한가. 분명한 것은 독립운동과 독립전쟁을 빼고 대한민국을 논할 수는 없다는 점이다. 1945년 남들이 해방시켜준, 선진국이 만들어준 거푸집에 세워진 대한민국일 수는 없다. 대한민국은 일제강점기의 풍찬노숙을 견뎌내며, 목숨을 건 의열투쟁과 국내진공을 위한 치열한 준비에 힘입어 세워졌다. 그 상징이자 실체인 임시정부는 대한민국의 법통이며 뿌리이고 근거이다.

　그리고 대한민국은 3년여의 전쟁을 치렀다. 정규군에서부터 학도병, 노무부대까지 목숨이 있는 사람이면 누구나 나서 우리 공동체를 지켜냈다. 그 잿더미가 화려한 대한민국이 된 것도 전쟁에서의 사투가 있었기에 가능했다.

　이어 민주주의를 위한 수많은 이들의 노력은 오늘의 대한민국의 가치를 만들었다. 세계가 부러워하는 민주주의, 경제와 민주주의를 동시에 이뤄낸 대한민국은 독재정부를 무너뜨리고, 인권을 세우고, 민주주의의 원칙을 지켜냈기에 '대한민국'이다. K팝에서부터 K컬처, K방역까지, K(Korea)에는 '민주 대한민국'의 품격이 있기에 가능한 것이었다. 우리가 여전히 인권 후진국, 장기집권의 나라, 불안한 정치정세에 폭력이 난무하는 나라였다면 '존중받는' '부러운' 대한민국과 문화는 없었을 것이다.

오늘의 대한민국은 이 땅을 사랑한 든든한 애국자들과 수많은 이름 없는 헌신자들로 일으켜 세워진 나라이다. 그 헌신은 미래로 향해야 한다. 2021년의 대한민국이 가진 과제들, 당면한 코로나19 위기극복과 국민통합, 남북의 평화 공존과 번영, 동북아 및 세계와의 당당하고 바른 관계는 어디서 풀어야 하는가.

K보훈, 나라 사랑의 깊은 마음으로

　대한민국이라는 공동체는 공동체에 대한 애정과 책임과 자부심으로 하나가 된다. 그 힘으로 발전의 동력을 삼고, 공동체는 미래로 나아갈 수 있다. 이 발전의 동력을 뭉뚱그려보자면 '나라 사랑'이라는 정신 혹은 이념으로 수렴될 수 있다. 보훈의 핵심 가치인 나라 사랑은 미래 대한민국의 든든한 토대인 것이다.

　그것은 우선 공동체 대한민국을 묶는 이념이자 가치가 된다. 이 공동체에 대한 마음은 언제나 구성원을 지켜주는 믿음이 되기도 하고, 자부심이 되기도 하며, 때로 눈물 나는 동질감의 확인이 되기도 한다. 그것은 또 위기 상황이 오면 똘똘 뭉쳐 함께 대응하고, 나를 희생하여 공동체를 살려야 한다는 각오로 되살아난다. 보훈과 나라 사랑은 또 세상의 평화와 구체적 역내의 평화를 만드는 역할을 한다. 독립이든 호국이든 민주든 함께 더 중요하다 믿는 가치에 대한 상호 이해와 존중은 평화를 위한 공동체의 울타리가 된다. 남북 화해와 평화를 위한 가치 역시 여기서 나온다. 한때 총을 겨눴지만 이제는 공존, 공생, 번영의 미래를 함께 나눌 각각의 중심이다. 우리는 함께 한 공간을 나누며 독립운동을 해 왔던 동지였으며, 지금은 한반도의 번영이라는 공동 목표를 가진 한 민족의 다른 면모이다. 더 역동적인 미래를 생각하면서 'K보훈'으로 불리는 보훈외교를 빼놓을 수 없다. 22개 유엔참전국의 든든한 동행은 점차 넓어지고 깊어지고 있다. 특히 지난해 6·25전쟁 70주년을 넘어서면서 추진했던 보훈부 장관회의 등은 새로운 협업 외교의 전형으로 인정받고 있다. 국가유공자단체들의 활발한 해외 활동 역시 돈으로 살 수 없는 민간외교의 새로운 장을 펼쳐 가면서 칭송을 받고 있다.

이제 보훈은 새로운 가치의 발견이 필요한 상황이다. 이 새로운 발견으로 비대면의 시대, 나 홀로 생존의 시대를 극복하며 공동체성을 강화하고 함께 미래를 꿈꾸는 소중한 가치로 공동체에 기여해야 한다. 보훈은 과거에서 비롯됐으나, 오늘을 바꾸고 있으며, 내일로 향하는 소중한 힘을 가지고 있다. 더 커다란 보훈, 더 든든하고 힘 있는 보훈을 모색해야 할 오늘이다.

평화를 향하는 보훈

- 평화 지향의 보훈, 갈등 치유와 통합의 길 모색

이찬수_ 보훈교육연구원

문재인 정부(2017-2022) 들어 그 어느 때보다 '평화'와 관련한 토론이 활발해졌다. 그와 관련한 정책과 '평화'를 향한 각계의 노력들도 우리 사회 곳곳에서 펼쳐졌다.

세 차례 정상회담(2018.4.27 판문점; 2018.5.26 판문점; 2018.9.18-29 평양)을 위시해 남북 간에 크고 작은 대화들이 계속됐다. 하노이에서의 북미회담(2019.2.27-28)이 결렬되고 미국 대선까지 겹치면서 소강 국면으로 접어들었지만, 한반도 평화는 이제 한반도를 넘어 세계 평화의 핵심 사안이라는 인식도 적잖이 확장되었다. 실제로 한반도의 평화를 구현해 내는 일이 우리의 당면 과제가 된 것이다.

그렇다면 지금은 '보훈'이 한반도 평화의 길에 실질적으로 어떻게 기여하고 있는지를 살펴볼 차례이다. 보훈이 '국가를 위하여 희생하거나 공헌한 사람의 숭고한 정신을 선양하고 그와 그 유족 또는 가족의 영예로운 삶과 복지 향상을 도모하며 나아가 국민의 나라 사랑 정신 함양에 이바지(국가보훈기본법」 제1조)'하는 행위라면, 그것은 분명히 따뜻한 공정사회, 든든한 평화국가로 나아가는 기초이기 때문이다. 보훈은 어떤 논리와 과정으로 평화국가의 길에 공헌하게 되는 것일까.

평화, 어렵지만 가야 할 길

평화는 정적(靜的)으로 규정하면 '갈등이나 폭력이 없는 상태'이다. 동적(動的)으로 규정하면 '갈등이나 폭력을 줄여 가는 과정'이다. 현실에서 갈등이나 폭력이 없었던 적은 없으니, 전자보다는 후자의 정의가 훨씬 현실적이다. 갈등과 폭력을 줄이고 줄여 최종적으로는 폭력 없는 세상을 향해 나아가는 길이 우리 앞에 놓여 있는 것이다. 보훈이 폭력을 줄여 가는 과정에 함께할 수 있어야 하는 것이다.

물론 그것은 대단히 어려운 일이다. 평화가 폭력을 줄이는 과정이라지만, 폭력이 벌어지는 상황은 단순하지 않고, 양상도 복잡하다. 가령 특정 사람이나 집단에 의한 일방적이고 명백한 폭력은 더 큰 힘이 개입해 멈추게 하면 된다. 필요하면 권위 있는 정당한 절차에 따라 책임을 물으면 된다. 그리고 상처는 치유하면 된다.

　그러나 폭력은 일방적으로만 생겨나지 않으며, 그 발생 경로도 복잡하다. 폭력의 종류와 양상도 다양하다. 누군가 일방적으로 가한 주먹질이나 전쟁 같은 명백한 '물리적 폭력'이 가장 일반적으로 떠올리는 폭력이지만, 성차별이나 인종차별처럼 자기도 모르는 사이에 발생하는 '문화적 폭력'도 있고, 독재정치의 구조와 상황 속에서 뻔히 알면서도 횡행하는 '구조적 폭력'도 있다.

　폭력이 은밀하고 교묘하게 생겨나는 탓에 가해자를 특정하기가 어렵기도 하고, 노골적인 폭력도 구조적 불가피성을 앞세워 정당화되기도 한다. 상대방에게 상처와 피해를 주면서도 자신의 행위를 정당화하려 든다. 그러면 피해자 쪽도 어떤 식으로든 대응과 공격을 도모한다. 그 과정에 갈등이 커지고 물리적 폭력으로 번지며 적지 않은 상처와 희생을 낳는다. 그렇게 악순환이 지속된다. 이런 일은 개인만이 아니라 집단, 국가 차원에서도 비슷하게 벌어지곤 한다.

안보가 왜 딜레마가 되는가

　안보(security)의 경우도 마찬가지이다. 사전적으로 안보는 '외

부의 위협이나 침략으로부터 국가와 국민의 안전을 지키는 일'
로서, 대체로 국가 단위에서 이루어진다. 따라서 그것은 국방,
국제정치, 외교의 주요 과제가 된다.

문제는 누구든지 어느 나라든지 힘을 이용해 다른 힘을 막으
려 한다는 것이다. 갈등도 거기서 발생한다. 안보는 힘으로 자신
을 지키는 행위를 기본으로 한다. 그런데 저마다 힘으로 자신을
지키려다 보니, 힘들이 서로 충돌하며 갈등한다. 갈등을 해소하
겠다며 다시 더 큰 힘을 추구한다. 역시 저마다 그렇게 한다. 힘
을 키우기 위한 투자가 지속된다. 그럴수록 실질적인 삶의 질은
뒷전으로 밀리고, 안보가 '편안히(安) 보전(保)'되는 상태이기는
커녕, 도리어 불안(不安)의 계기가 된다. 이런 식으로 세계가 서
로 자신의 정당성을 위해 힘을 키우면서 도리어 불안은 지속되
거나 더 커지는 '안보 딜레마'가 생겨나는 것이다.

통합에 기여하는 보훈

이러한 현실을 의식하며 보훈은 어떻게 평화의 세상을 만들어
갈 것인지 되물어야 한다. 보훈이 국가공동체를 위해 투신하다
가 희생당한 분들에 대한 보답의 과정이라면, 보훈은 국가를 유

지하고 나아가 공정 사회를 만들어가는 기초 중의 기초이다. 누군가의 아픔에 대한 연민, 더욱이 국가를 위한 투신 과정에 당한 희생에 대한 보답은 사회를 유지하기 위한 근간이다. 가족 중에 누군가가 다치면 가족이 돌보듯이, 어떤 국민이 국가를 지키고 발전시키다 희생을 당했다면 다른 국민이, 나아가 국가가 돌보는 것은 당연하다. 가족 간 돌봄이 가정의 근간이듯이, 보훈이 국가를 공정한 공동체로 만들어가는 근간인 것이다.

이때 유념해야 할 것은 행여라도 보훈이 사회적 갈등의 소지가 되어서는 안 된다는 것이다. 예를 들면 분단과 전쟁의 경험으로 인한 이념적 충돌 탓에 '호국'유공자의 대북관이 '민주'유공자의 대북관과 갈등할 가능성도 있다. 또 같은 국가유공의 행위가 혼란과 갈등의 진원지가 될 가능성도 있다. '독립'운동가에 대한 교육이 자칫 '반일'운동의 역사적 근거로만 활용되면서, 의식하지도 못한 채 일본을 교류와 협력의 대상에서 배제하고, 국제질서와 외교의 장애로 작용할 가능성도 있다.

평화 지향적 보훈의 길을 걸으면서, 남북관계든 한일관계든 서로가 자신만의 입장에서 상대를 비난하며 감정을 소모하는 악순환을 경계해야 한다. 그렇다면 핵심은 분명해진다. 보훈이 폭력에 의한 희생을 치유하고 곳곳에 내재된 갈등을 극복하며 평화에 기여할 수 있도록 더 넓고 깊은 길을 걸어야 하는 것이다.

희망적 과제, '큰 보훈'의 길

평화는 폭력을 줄이는 과정, 한마디로 '감폭력(減暴力)의 과정'
이다. 그 과정은 누군가 어디선가의 상처를 치유하고, 상처의 원
인이 되는 폭력을 축소시켜 가는 모습에서 구체성을 입는다. 이
러한 과정은 가장 인간적이고 심지어 거룩하기까지 한 국민적
과제이다.

여기에서 국가를 위한 희생을 국민과 국가가 돌보는 '사후적
보훈'은 가장 일차적인 작업이 된다. 더욱 확대시켜 나가야 할 지
속적인 과제이기도 하다. 그러면서 더 이상 희생이 나오지 않아
도 되는 사회를 만들어가는 일, 즉 더 심층적이고 미래지향적인
'큰 보훈'의 길에도 나서야 한다.

'큰 보훈'은 국가유공자를 빨리 더 많이 찾아내 더 충분히 보상
하는 행위만을 의미하지 않는다. 보훈대상자에 대한 다양한 보
답은 가장 기본적인 일이되, 그에 갇히는 것이 아니라는 뜻이다.
'큰 보훈'은 사후적 보상으로서의 보훈을 포괄하면서도 그만큼
더 선제적으로 이루어지는 근본적인 보훈이다.

'큰 보훈'은 숭고한 희생자를 돌보며 공정한 국가를 만들어가는 더 심층적이고 광범위한 국가 형성의 길이다. 사후적 보상으로서의 보훈과 더불어, 언제나 더 큰 보훈의 이상을 현재화하기 위한 목적론적인 실천이다. 그것은 사후적 보상보다 앞서서 광범위하게 이루어진다는 점에서 '선제적 보훈'이라고 할 수 있다. 더 이상 희생이 나오지 않아도 되는 세상을 구축하는 과정이라는 점에서는 더 심층적이기에 '큰 보훈'이라고 할 수 있는 것이다.

순국선열, 애국지사, 전몰군경, 전상군경 등 전통적인 국가유공자들을 예우하되(국가유공자예우등에관한법률 제4조), 민주유공자와 사회공헌자는 물론 '국가사회발전특별공로자'와 같은, 시민사회에 좀 더 어울리는 유공자들을 적극적으로 발굴하고 지원해야 한다. 그러면서도 궁극적으로는 북한을 포함해 동북아와 세계를 향한 평화 지향의 길을 걸어야 한다. 여기에는 북한의 보훈정책을 연구하고, 더 심층에서 남북이 만날 수 있는 공통의 지점을 확보해, 한반도의 평화와 연계시키는 일이 포함된다.

또한 독립운동으로 일제에게 당한 희생을 돌보며 공정한 국가를 만들면서도 일본의 보훈정책과도 만날 수 있는 더 상위의 혹은 더 심층의 접점을 찾아가야 한다.

그렇게 더 크고 깊은 미래를 내다보며 동아시아의 미래를 긍

정적으로 열어가는 길에 공헌해야 한다. 그럴 때 한국에서 나왔지만 궁극에서는 인류가 축복할 만한 보편적인 보훈의 길이 된다. 큰 보훈의 길이 폭력으로 인한 희생을 줄이는 평화의 다른 이름이어야 할 이유도 바로 여기에 있는 것이다.

독립-호국-민주 이해와 가치

- 보훈, 과거에 매몰되지 않고 미래 내다봐야

통일과 국민통합에서의 보훈 가치 실현

정운현_ 전 국무총리 비서실장

사람의 일생에는 시기별로 그에 응당한 소임이 주어진다. 청소년기에는 학업에 열중하여 미래의 일꾼으로 성장하기 위한 준비를 해야 한다. 학업을 마치고 사회에 진출하면 사회 구성원으로서 주어진 과업에 충실해야 한다. 또 결혼하여 가정을 꾸리게 되면 집안을 돌보고 자녀를 양육해야 한다. 한 개인이 정상적인 삶을 유지하려면 그 어느 하나도 소홀히 할 수 없다.

국가와 국민도 마찬가지다. 그 처한 시대에 따라 시대적 소임, 즉 시대정신이 주어지기 마련이다. 국가와 국민이 존재하기 위해서는 그 소임을 다해야 한다. 이는 국가와 민족을 보전하기 위한 방책으로 지극히 자연스러운 것이다. 반대로 시대정신을 망각하거나 그 소임을 다하지 못할 경우 그 나라는 존재를 영속할 수 없으며, 공동체의 발전도 도모할 수도 없다. 동서고금의 역사에서 그러한 사례는 수도 없이 많다.

보훈 정책의 3대 기둥으로 독립, 호국, 민주로 정한 것은
시대정신 적확하게 읽은 것

근대 100여 년의 우리 역사는 서구의 300~400년에 맞먹을 정도로 격동의 시기였다. 시작부터 비극의 연속이었다. 서구 열강의 각축과 위협 속에 우리는 반강제적으로 문호를 열어야만 했다.

이후 걷잡을 수 없는 소용돌이에 처하게 되었으며, 결국은 일제 군국주의자들의 말발굽 아래 놓이게 되었다. 일제 식민 통치는 외교권이 박탈된 을사늑약부터 40년, 국권이 완전히 상실된 한일병탄으로부터는 35년에 달했다. 무려 한 세대를 넘긴 그 악몽의 시절에 우리에게 주어진 임무는 빼앗긴 국권을 회복하는 일이었다.

1945년 8월, 마침내 일제가 패망하였다. 우리는 국권을 회복하였고, 일제의 압제에서 벗어나게 되었다. 그러나 빼앗겼던 빛을 되찾은 광복(光復)의 기쁨도 잠시였다. 완전한 독립국을 꿈꿨던 우리의 소망은 이내 물거품이 돼버렸다. 미·소 강대국의 이해관계 속에 국토는 남북으로 두 동강이 났다. 광복 5년만인 1950년 6월에는 동족상잔의 참극이 이 땅을 덮쳤다. 민주와 자

유를 추구해 온 우리는 동족에게 총부리를 겨누어야만 했다. 숱한 선열들이 피로써 되찾은 이 나라를 지켜내는 것이 우리의 소임이자 최대 과제였다.

1948년 8월, 이 땅에는 자유민주를 표방한 대한민국이 출범하였다. 초대 대통령 이승만은 임시정부 초대 대통령 출신으로 항일투쟁 대열에 섰던 인물이다. 그러나 장기집권을 도모하는 과정에서 독재자로 낙인찍혀 1960년 4·19혁명으로 권좌에서 쫓겨났다.

이듬해 군사 쿠데타를 통해 집권한 박정희 정권 역시 18년간의 장기집권을 통해 숱한 반민주 행각으로 비극적 최후를 맞았다. 30년간에 걸친 독재정권 하에서 숱한 민주인사들이 민주주의 회복을 위해 피 흘리고 목숨을 바쳤다. 민주주의 체제에서 자유와 민주는 목숨만큼이나 소중한 가치이다.

오늘날 우리가 누리고 있는 대한민국의 민주·자유와 경제적 풍요는 그냥 주어진 것이 아니다. 국권 회복을 위해 이역만리 타국 땅에서 풍찬노숙하신 애국선열, 적의 침입에 맞서 자신의 몸을 초개와 같이 던진 호국용사, 그리고 민주의 제단에 피를 뿌린 민주열사들의 열정과 헌신의 결정체인 것이다. 우리는 이분들의 애국적 삶과 공로를 절대로 잊지 말아야 한다. 우리 정부가 보훈정책의 3대 기둥을 독립, 호국, 민주로 정한 것은 매우 바람

직한 결정이다. 이는 매 시기에 요구됐던 시대정신을 적확하게 인식한 것으로 평가할 수 있다.

민중들이 이 땅 지켜온 역사 면면히 이어져 내려와

우리 민족은 대대로 민중의 참여로 국난을 극복하는 자랑스러운 역사를 이어 왔다. 16세기 중엽 임진왜란 당시의 항쟁을 대표적인 사례로 들 수 있다. 무려 7년간에 걸쳐 왜구들이 이 땅을 짓밟았으나 결국 그들을 이 땅에서 물리쳤다. 그 긴 세월을 견디며 종묘와 사직을 지켜낸 것은 일반 백성들의 희생과 헌신 덕분이었다. 농민들은 논밭을 갈던 농기구를 들고 나섰으며, 승려들은 불법에 어긋나는 살생의 길을 마다하지 않았다. 국토와 백성이 보전되지 않고서는 농사일도 염불도 한낱 공염불이 되고 만다. 세상에 제 나라를 지켜내는 일보다 더 중요한 일이 있으랴.

민중들이 이 땅을 지켜온 역사는 면면히 이어져 오고 있다. 구한말 일본군이 또다시 이 땅을 노리자 꿩, 노루 잡던 산포수들은 의병을 자처하고 나섰으며, 여염집 아낙네들은 나라 빚 갚으라며 손가락과 머리에 꽂고 있던 금붙이들을 내놓았다. 한국전쟁이 치열하던 때 학생들은 '책 대신 수류탄과 총을 달라'며 책가방을 내던지고 자원입대하였다. 또 오랜 독재정권 하에서 무수히 많은 학생과 노동자, 시민들이 감옥과 거리에서 민주주의 쟁취를 위해 고초를 겪었다. 이는 현대사에서 4·19혁명, 5·18 광주민주항쟁, 87년 6월항쟁, 근래의 촛불혁명으로 이어졌다.

나라가 위기에 처했을 때 우리 선조들은 방관하지 않았다. 바깥의 적들을 향해 총칼을 들거나 내부의 불의에 맞서 맨주먹으로 일어섰다. 물론 이는 국민된 자의 본분이자 임무이기도 하다. 그러니 여기에 지역 구분이 있을 수 없고 노소와 성별, 계급이 문제일 수 없다. 민중항쟁이 숭고한 것은 차별 없는 동참과 그 목적이 순수했다는 점이다. 훗날 훈장이나 연금을 받기 위해 항일투쟁에 나선 애국지사가 있었을까. 민주화운동 표창을 받기 위해 감옥행을 자처한 민주열사가 있었을까. 오로지 제 나라 제 민족을 위해 일신의 안위를 내던졌을 뿐이다.

세 가치, 선후 우열 개념 아니라 나라 사랑의 맥락에서 같아

독립-호국-민주 세 장르는 각각의 고유한 가치를 갖고 있다. 각각 그 시대정신에 호응하여 국가와 민족을 위해 헌신한 지고지순의 절대선으로 평가받아 마땅하다. 그런데 이 세 가치는 일면 서로 분리되는 것처럼 보이지만 '나라 사랑'이라는 근본정신에서는 같은 맥락이다. 따라서 이들 세 가치는 선후나 우열의 개념으로 구분을 지을 것이 아니라 상호 공존과 협력의 개념으로 인식해야 한다. 위기에 처한 나라를 지켜내는 것과 이 나라의 온전한 민주 체제를 위한 노력은 같은 선상의 애국 활동인 것이다. 마치 같은 방향을 향해 달리는 두 개의 철길과도 같은 것이라고 할 수 있다.

과거를 통해 교훈을 얻는 것이 역사교육의 목적이라면 보훈은 빛나는 나라 사랑의 전통을 통해 애국애족 정신을 함양하는 데 그 목적이 있다. 정부 차원의 보훈은 단순히 이들의 과거 활동에 대한 예우나 보상 차원이 아니다. 보훈은 국가와 국민들의 의무사항이다. 따라서 보훈은 특정인에 대한 시혜나 불우이웃돕기 같은 선심 정책이 돼선 안 된다. 즉, 보훈은 위기에 맞서 합심한 우리 모두의 자존감을 확인하고 이를 통해 민족의 자부심을 고취시키고 이를 후세에 널리 전하는 거룩한 사업이다.

동서고금의 역사를 통해 보면 국가나 민족에게 위기는 언제나 닥칠 수 있다. 급변하는 국제정세와 환경위기 등 변수가 많은 오늘날에는 더욱 그러하다. 그러나 위기를 극복한 경험이 있는 민족은 또다시 위기를 극복할 수 있는 저력을 갖게 된다. 구한말의 국채보상운동은 90년이 지나 문민정부 말기의 외환위기 때 금모으기운동으로 다시 빛을 발한 적이 있다. 소중한 결혼반지나 아이의 돌잔치 반지를 선뜻 내놓은 그들을 현대판 의병이요, 애국투사라고 불러도 무방할 것이다.

미래의 국가 위기 대비 국민 가슴속에 나라 사랑 심어야

자칫 보훈은 과거에 매몰되기 쉽다. 과거의 행적에 대한 연구, 평가가 주요업무이다 보니 그럴 수도 있다. 그러나 과거 일을 다룬다고 해서 생각이나 행동마저 과거에 머물러선 안 된다. 혹여라도 보훈이 지난 일에 대한 보상 차원에 머문다면 국민연금이나 보험회사와 별로 다를 게 없다. 역설적으로 보훈은 그 시선이 미래를 향해 있어야 한다. 과거를 토대로 미래를 내다보는 망원경 같은 역할을 해야 한다. 보훈은 미래에 닥칠지도 모를 국가위기에 대비해 국민들의 가슴속에 나라 사랑 정신을 심어주는 것이 궁극적인 목표이다.

미래는 위기만 있는 것이 아니다. 소중한 꿈도 있다. 그리 머지 않은 미래에 우리는 통일의 꿈을 이루게 될 것이다. 따라서 그에 앞서 이 시대의 시대정신은 통일을 지향해야 한다. 외세에 맞서 싸우고 민주화를 위해 바친 열정을 이제는 통일의 길로 모아야 한다. 선열들이 한 몸 바쳐 되찾고자 했던 조국은 온전한 조국이었다. 통일은 통일부만의 일이 아니다. 보훈을 통해 국토통일과 국민통합을 이뤄낼 때 진정한 그 가치를 실현하게 될 것이다.

기념식 현장, 미래 공동체 번영의 에너지가 되다

독립·호국·민주, 국가기념일과 기념식

— 나라사랑신문 특별취재반

우리는 대한민국의 역사에 새겨진 독립·호국·민주의 순간과 그 현장을 지킨 사람들을 기리기 위해 국경일 혹은 국가기념일을 지정하고, 그 역사가 서린 현장에서 정부 기념식을 개최한다. 그것은 나라를 되찾고, 지키고, 바로 세운 뜻을 오늘 우리의 가슴에 되새겨 미래 민족공동체의 번영을 향한 에너지로 삼기 위한 노력이다. 그런 뜻에서 독립·호국·민주 관련한 국경일과 국가기념일은 매년 찾아오는 단순한 하루가 아니라 '선열들이 강토에 흘린 피와 눈물의 역사'이고, 그것에 대한 공동체의 기억의 시간이다.

국경일, 3·1절과 광복절

국가적인 경사를 기념하기 위해 법으로 정한 국경일. 세계 여러 나라에서 건국기념일이나 전승일, 국왕 탄생일 등을 국경일로 정하고 있다. 우리나라는 '국경일에 관한 법률'에 의해 3·1절과 광복절 등을 국경일로 기념하고 있다. 3·1절과 광복절은 각각 조국을 되찾기 위한 민족 운동인 3·1운동과, 민족의 독립을 이뤄낸 1945년 8월 15일을 기념하는 날이다. 이 행사에는 매년 대통령과 정부 주요인사, 주한 외교사절이 함께 참여하는 엄숙한 기념식과 부대행사가 열린다.

독립·호국·민주 국가기념일

대통령령인 '각종 기념일 등에 관한 규정'으로 정한 국가기념일 중 '독립' 기념일은 대한민국임시정부수립기념일과 순국선열의 날, 학생독립운동기념일, 6·10만세운동기념일이 있다. 대한민국임시정부기념일은 1919년 중국 상하이에서 수립된 대한민국임시정부의 역사적 의의를 기리는 국가기념일이다.

순국선열의날은 1905년 실질적인 국권침탈 조약인 을사늑약을 전후해 많은 애국지사들이 순국한 것을 기리는 날이며, 정부는 민간 주도의 추모행사를 1997년부터 정부 기념식으로 복원해 지켜오고 있다.

학생독립운동기념일은 1929년 광주-나주 통학열차에서 조선학생들과 일본학생들의 충돌 이래 11월 3일 광주에서 시작해 다음해 3월까지 전국의 학생들이 참여한 독립운동을 기리는 날이다. 2018년부터 보훈처와 교육부가 공동주관해 정부 기념식을 개최하고 있다.

6·10만세운동기념일은 지난해(2020) 12월 국무회의 의결로 국가기념일로 지정돼 올해(2021) 처음으로 정부 기념식이 열리게 된다. 이날은 1926년 6월 10일 순종 장례식을 기점으로 일어난 독립운동으로, 국내 3대 독립만세운동으로 평가받고 있다.

'호국' 기념일은 6·25전쟁일과 서해수호의 날, 유엔군 참전의 날, 유엔참전용사 국제추모식이 있다. 서해수호의 날은 매년 3월 넷째 금요일로 지정돼 있으며 제2연평해전과 천안함 피격, 연평도 포격도발로 희생된 서해 55용사를 기리기 위해 지정됐다.

7월 27일 유엔군 참전의 날과 11월 11일 유엔참전용사 국제추모식(턴투워드부산)은 대한민국의 자유와 평화를 지키기 위해 참전했던 세계 22개국의 참전용사의 희생과 공헌을 기리는 날이다. 이 기념일은 지난해「유엔참전용사의 명예선양 등에 관한 법률」이 제정됨에 따라 법정기념일로 지정되고 행사도 정부 기념식으로 개최된다.

'민주' 기념일은 3·15의거기념일과 4·19혁명기념일, 5·18민주화운동기념일이 새봄을 맞으며 각각 창원과 서울, 광주에서 국가기념일 행사를 치러왔다. 여기에 지난 2018년부터는 1960년 당시 3·15의거 이전 이승만 독재 정권과 부정선거에 항의하는 대구의 2·28민주운동 기념일과 대전 3·8민주의거 기념일이 각각 국가기념일로 정해졌다. 이에 따라 2018년 대구에서 2·28민주운동 기념식이, 2019년 대전에서 3·8민주의거 기념식이 각각 정부 기념식으로 개최됐다. 국가보훈처와 별개로 행정안전부는 1987년의 6월의 6월항쟁을 기억하는 '6·10민주항쟁기념일'을 국가기념일로 정해 기념식을 열고 있다.

국가보훈처는 최근 들어 서해수호의날 등이 호국기념일로, 대구 2·28민주운동과 대전 3·8민주의거, 6·10만세운동이 각각 새로 국가기념일로 지정되면서 독립·호국·민주의 각 기념일도 전체적인 균형을 잡아 가는 것으로 평가하고 있다. 나라를 되찾고, 지키고, 바로 세운 날을 기념하는 것과 함께, 그 현장에서 영웅적인 역할을 해낸 국가유공자들을 기리고 예우하는 것이 오늘의 살아 있는 보훈이다.

국가유공자, 정체성과 노블레스 오블리주

- 보훈의 목표는 '기억을 통한 연대' … 내적 통합으로
  자유·정의의 공동체, 품격 있는 국가 실현해야

김종성_ 전 국가보훈처 차장

시선이 태평양 너머 먼 곳에 머문다. 2020년 2월 9일, 제92회 아카데미상 시상식. 한국영화 〈기생충〉이 작품상을 받았다. 아직도 그날의 잔영이 남아 있다. 다시 시선이 안으로 옮겨진다. 일제강점기 우리의 말과 글을 지키려는 조선어학회의 투쟁을 소재로 한 〈말모이〉라는 영화다.

1929년부터 1942년 4월까지 엄혹했던 시대, 13년에 걸친 노력으로 '조선말 큰사전' 편찬을 위한 원고가 완성되었다. 그러나 이극로·최현배·이희승 선생을 비롯한 회원 33명이 피체되었고, 그중 이윤재·한징 선생 등 두 분은 미결수 상태에서 옥중 순국했다. 조선어학회의 사전 편찬 사업에는 재정적으로 중요한 역할을 한 분들이 있었다. 건축왕으로 불린 정세권 선생은 모진 고문을 당하고 경제사범으로 몰려 전 재산을 강탈당했다. 사업가이자 언론인으로 활동한 이우식 선생은 후원회장으로 활동하다가 큰 고초를 겪었다. 어문학자들은 민족의 정체성을 지키기 위하여 헌신했고, 후원자들은 노블레스 오블리주(Nobles Oblige)의 사표로 남았다.

피지배 민족에서 선진국 대열에 선 유일한 나라, 경제를 넘어 여러 분야에서 경험하고 있는 뛰어난 성취는 어디에서 온 것일까? 여기에 답을 하기 위해서는 민족의 정체성을 지키기 위하여 헌신한 선열들의 노고를 빼놓고 말할 수 없다. 오늘의 대한민국은 선열들이 되찾은 국권 위에서 온 국민의 피와 땀으로 이뤄낸 성취인 동시에 함께 겪은 희생의 축적이다.

대한민국, 선열들이 찾은 국권 위에 쌓은 국민적 희생의 축적

보훈은 공동체에 대한 자긍심과 애착심을 바탕으로 자발적으로 희생한 사람들에게 그 공헌을 정당하게 평가하고, 정신적, 물질적 보답을 통하여 명예로운 생활이 유지·보장되도록 하며, 그 희생을 기억과 전승을 통하여 국민정신을 고양함으로써 국가의 융성을 뒷받침하는 중요한 기제다. 따라서 보훈에는 국가가 걸어온 발자취가 그대로 투영되어 있다. 외국과 달리 우리나라 보훈정책은 군인과 경찰 외에도 독립유공자, 민주유공자(4·19, 5·18) 등 다양한 유형의 국가유공자를 대상으로 하고 있다. 이러한 보훈의 양상은 대한민국의 오늘이 있기까지 많은 시련이 있었다는 것을 뜻하는 것이기도 하다.

올해는 국가보훈처(창설 당시 원호처)가 창설된 지 60주년이 되는 해이다. 세월의 흐름만큼이나 보훈 성격, 그리고 내용 등이 전반적으로 달라졌다. 보훈정책은 '원호'에서 시작되어 '보훈'으로 발전했다. 이제 국가유공자에 대한 보상과 예우의 수준이 크게 높아졌다. 의료와 복지시설의 대폭 확충으로 생활권 내에서 필요한 서비스를 받을 수 있게 됐다. 보훈의 성격과 내용도 달라졌다. 희생과 공헌을 기억하고 현창하는 일이 보훈의 핵심 부분을 차지하고 있다. 아울러 국제보훈 활동을 통해 외교적으로도 중요한 역할을 담당하고 있다.

광복을 맞이했던 저력은 혼이나 얼로 표현된 민족정신

보훈에서 보상과 예우가 달라진 것은 차치해도 좋다. 그러나 가장 중요한 변화는 '정성'이 아닐까 싶다. 국가를 위해 희생하거나 공헌한 분들을 끝까지 찾아내어 예우해드리는 것, 그리고 어두운 곳을 찾아 따뜻한 손길을 펴는 것, 생을 다하는 마지막 순간까지 예를 다하는 것, 국가유공자의 유해는 지구 어디에서라도 모셔온다는 것, 그런 모습에서 제도적 보답을 넘는 심리적 보답의 가능성이 엿보인다.

정부는 발굴 위주의 적극적인 국가유공자 결정 시스템을 통하여 최근 4년간 1,856명의 독립유공자를 새로 찾아냈다고 한다. 지금까지 누적 포상 인원 1만6,410명의 11%를 점한다. 참전유공자 확인과 등록도 다르지 않다. 정성과 품격을 갖춘 장례와 국립묘지 안장은 유가족은 물론, 국민들에게 좋은 모습으로 다가가고 있다. 그에 따라 국가유공자의 자존감과 명예의식도 높아지고 있다. 우리 사회에서 부족했던 국가유공자에 대한 사회적 존경과 예우에도 변화가 감지된다. 보훈정책의 변화와 국민의 보훈의식 사이에 아직 거리가 있어 보이지만 희망을 갖게 한다.

국가유공자는 질곡의 역사, 엄혹한 시대를 헤쳐 온 주인공으로 그 위상이 세워지고 있다. 그것은 역사에 대한 자긍심을 갖게 하는 일이며, 정체성을 분명히 하는 일이다. 정체성은 내면화되고 동질화되어 지속성을 갖는 가치 정향을 의미하는 것으로 소속감과 연대의식에 결정적 영향을 미친다. 1807년 독일의 피히테는 '독일국민에게 고함'을 통해 정체성을 '독일의 혼'으로 표현했다. 민족의 정신적 동일성을 '내적 국경'으로 표현하면서 국가와 국가를 나누는 것은 영토적 국경이 아니라 언어공동체를 기초로 한 '정신적 국경'에 있다고 했다.

'내적 국경'은 『한국통사(韓國痛史)』의 서론에서 "교육과 역사가 망하지 않으면 그 나라는 망하지 않는다"라 했던 백암 박은식 선생의 '국혼(國魂)'과 크게 다르지 않다. 국혼(박은식), 한국혼(신규식), 얼(정인보), 낭(신채호), 조선심(문일평), 민족정기(안재홍) 등 표현에는 차이가 있지만 강한 민족정신에 희망을 걸었다. 선열들은 사학, 교육, 문예, 언론 등의 사회·문화운동을 통해 겨레의 가슴에 혼을 불어넣었다. 붓을 쟁기로 삼은 '필경(筆耕)'이었고, '내적 국경'을 만드는 일이었다.

외국인의 눈에도 예외가 아니었다. 한글의 우수성을 가장 먼저 세상에 알린 헐버트 박사는 『대한제국멸망사』 헌정사에서 "지금은 옛 한국이 낯선 한국에게 자리를 내주는 모습을 목격하고 있으나, 민족정신이 불붙으면 '잠은 죽음의 모습'이지만 죽음 그 자체는 아니라는 것을 증명하게 될 것"이라 하여 한국인의 정신적 기질을 높이 평가했다. 그리고 그의 믿음은 마침내 증명됐다. 국권을 상실한 상황에서 민족의 활로를 열고 끝내 광복의 날을 맞이할 수 있었던 저력은 혼이나 얼로 표현된 민족정신 말고 다른 무엇으로 설명하기 어렵다. 일제강점기를 헤쳐 온 독립 정신은 광복 후 자유와 평화로, 민주와 정의의 가치로 강화되고 더욱 풍성하게 됐다.

보훈, 무형의 사회 간접자본, 애국심, 정체성, 통합에 영향

우리나라는 노블레스 오블리주가 부족한 사회라는 뼈아픈 지적이 있다. 그러나 시대적 소명을 다한 국가유공자의 헌신은 소중한 정신적 자산이다. 우리 근현대사에 있어서 노블레스 오블리주는 서구의 그것과 다른 데가 있다. 지도층뿐 아니라 저변의 역할이 컸다. 평민 의병장에다가 머슴들이 주축이 된 '담살이'라 불린 의병부대까지 있었다. 겨레와 역사에 책임을 다하기 위해 스스로 목숨을 끊기도 했다. 전 가족이 만주, 상해, 블라디보스토크, 북미, 중남미 등지로 망명해 독립운동을 이어간 분들도 있었다. 3·1운동 당시에는 소년소녀, 심지어 권번의 여성들도 만세 행렬을 이루었다. 독립투쟁의 현장에는 어린 여공들도 있었고, 해녀들도 있었다.

필자 나름대로 집계해 보면 부부, 부자, 형제 등 일가친척이 함께 독립운동에 투신한 경우가 120개 가문이 넘는다. 정부 차원에서 정확하게 확인한다면 이보다 훨씬 많을 것이다. 독립유공자 가운데는 광복 후 국군에 입대하거나 경찰관에 입직하여 겨레를 위한 봉사를 이어간 분들도 있었다. 그 가운데 전사한 분들도 적지 않다. 학도의용군은 의병과 다름이 없다. 두 명 이상 전사자를 낸 경우도 2,000 가구에 이른다. 이 모두 서구의 노블레스 오블리주 관념으로는 설명이 부족하다. 강한 민족 정체성과 결합된 것으로 세계사에 유래를 찾기 어려운 독특한 것이었다.

보훈은 애국의 감정을 불러일으키는 무형의 사회간접자본이다. 국민의 애국심, 정체성, 나아가 국민통합에 중대한 영향을 미친다. 보훈이 그 역할을 다하기 위해서는 다양한 분야에서 이루어진 국가유공자의 희생과 공헌에 대한 평가와 인식을 조화롭고 통합적으로 가져갈 수 있어야 한다. 보훈에 내재된 독립, 호국, 민주의 가치는 함께 존중되어야 한다. 그것은 시대의 요구에 따라 각각 다른 빛깔로 표출된 것일 뿐이다. 그것은 올곧음과 밝음을 지향하는 대의정신의 발로였으며, 민족운동사의 큰 물줄기였다.

국가유공자의 정체성과 노블레스 오블리주를 빛바랜 역사의 한 페이지로 남겨둘 수 없다. 온 겨레가 가슴으로 온전히 담아내야 한다. '기억을 통한 연대'야말로 보훈이 추구하는 궁극적 목표다. 내적 통합 속에 자유롭고 정의로운 공동체, 나아가 품격 있는 국가를 실현하는 것은 남은 우리의 몫이다.

세계로 넓혀가는 '지원과 위문' 보훈 가치 더욱 단단하게

사회공헌 활동으로 다시 태어나는 국가유공자 단체

— 나라사랑신문 특별취재반

국가유공자는 살아온 삶 그 자체로 '노블레스 오블리주'이다. 스스로 세운 높은 도덕적 의무를 수행한 국가유공자는 오늘의 대한민국을 되찾고, 지키고, 바르게 세운 주역이다. 그렇게 대한민국의 든든한 토대가 된 노블레스 오블리주는 오늘 다시 국가유공자 개인으로, 그리고 유공자 단체의 활동으로 더 커다란 강물을 이루며 이어진다.

국가보훈처는 이렇게 우리 사회 곳곳을 지원하는 국가유공자 단체의 사회 공헌 활동을 통해 국가유공자와 단체가 '과거'에 머물지 않고, '오늘'을 거쳐 '미래'를 향한 우리 사회의 역할을 담당토록 한다는 계획이다. 이를 통해 국가유공자는 우리 사회의 미래가치를 담아낸 살아 있는 주역으로 든든히 서게 된다.

광복회는 최근 미래세대에게 독립 정신의 가치를 공유하는 사업에 힘을 쏟고 있다. 각 지역의 보훈회관이나 독립기념관, 주요 독립 관련 현충시설을 활용한 이야기 교실 등을 활발하게 운영하고 있다. 향토사학자들과 연계한 이 사업은 젊은 세대와 소통하는 핵심 통로가 되고 있다.

대한민국상이군경회의 베트남 의료 봉사 활동은 규모나 역사적 측면에서 유공자 단체의 대표적인 사회 공헌 활동으로 꼽힌다. 베트남 쾅남성에 자체 기금으로 설립한 '한국-베트남 평화의 마을'을 연간 2회씩 방문해 의료 봉사 활동과 함께 현지민을 지원하는 방식이다. 보훈병원 의료진과 함께 이루어지는 이 활동은 지역에서도 칭찬이 자자할 정도로 자리를 잡았으며, 지난 역사를 넘어 양국민 간 화해의 만남으로 자리를 잡아가고 있다는 평가를 받는다.

대한민국전몰군경유족회는 세계 곳곳의 유엔군 참전 전사자 유족 돕기 활동을 계속해 왔다. 2009년부터 시작한 이 프로그램은 베트남, 필리핀, 콜롬비아, 그리스, 터키 등 발 닿는 모든 곳을 찾아 전사자 유족들의 아픔을 위로하고, 오늘의 대한민국을 지켜낸 공헌에 감사를 표했다. 현지 공관의 협조로 이루어지는 이 활동은 참전기념비 참배, 오찬 초청, 지원금 전달 등의 프로그램을 통해 현금으로 환산할 수 없는 성과를 거두고 있는 민간 외교의 대표 프로그램으로 꼽히고 있다.

대한민국전몰군경미망인회는 가장 어려운 나라의 가장 어

려운 미망인을 실질적으로 돕는 일에 나서고 있다. 미망인회는 2018년부터 2년여간 회원들의 기금을 모아 아프리카 에티오피아를 방문해 성금을 전달하고 그들의 삶을 위로했다. 현지 실정을 눈으로 확인한 방문단은 이어 50가정을 선정해 매월 3만원씩 5년간 후원하기로 결정했다. 사실상 현지에서는 한 가족의 한 달 생활비에 해당하는 이 지원금은 미망인 가족이 어려운 삶을 극복할 결정적인 힘이 되면서 국경을 넘어선 우애의 상징으로 자리 잡아 가고 있다.

이 외에도 대한민국무공수훈자회(회장 박종길)는 베트남에 장학금 전달, 고엽제 자활센터 지원 등의 활동을 계속하고 있으며, 대한민국특수임무유공자회(회장 이종열)는 산불이나 수해 등의 재해 지역을 찾아 묵묵히 봉사 활동을 계속하면서 지역사회의 칭송을 받고 있다.

국가유공자 단체는 이제 국가유공자 고유의 가치에 적합한 활동 모델을 찾아 특성에 맞는 활동을 지속하면서 국민으로부터 존경과 신뢰를 받는 단체로 거듭나고 있다.

국제보훈, 보훈의 새 지평

- 국제보훈, 적극적 평화외교를 위한 다양한
형식과 내용을 갖는 소중한 통로이자 자원

박명림_ 연세대학교

대륙과 해양, 문명과 문명, 제국과 제국, 이념과 이념 사이에 놓인 경계국가·교량국가의 위치로 인해 역사적으로 한국 문제는 언제나 국제 문제요 세계 문제였다. 따라서 한반도의 평화는 동아시아와 세계의 평화로 연결되었고, 한반도의 전쟁은 동아시아와 세계의 대충돌과 희생으로 연결되었다. 그만큼 한반도에서의 충돌은 규모와 희생과 성격에서 세계성을 지닐 수밖에 없었다.

제2차 세계대전 이후 세계 최대의 전쟁 중의 하나인 6·25 한국전쟁 역시 당대 세계의 자유 진영과 공산 진영, 자본주의와 사회주의가 한반도에서 대결한 전형적인 세계 시민 전쟁이었다. 이 대참사는 한국인들이 겪은 미증유의 세계 전쟁이었던 것이다. 6·25 한국전쟁의 비극을 딛고 미래 번영의 토대를 놓은 국가 수호, 안전 보장, 전후 복구는 우리 선조들의 희생과 헌신은 물론이려니와, 생명과 인권, 자유와 박애, 평화와 민주주의를 사랑하는 당대 세계인들의 참전과 연대의 산물이었다. 그것은 유엔으로서도 창립 이후 최초의 집단 안보 행위일 만큼 결정적 의미를 지니는 세계사적 사건이었다.

국격과 국가 이미지 높이는 중요한 소프트파워의 하나

현대 대한민국의 발전이 이 세계적 대전쟁의 참화를 딛고 일어서면서 전개된다는 점은 더욱 자랑스럽고 가상한 일이 아닐 수 없다. 그 결과 오늘의 한국은 세계 속의 당당한 나라가 되었다. 첨단기술, 경제와 무역, 인권과 민주주의, 의료와 방역에서 대한민국은 이미 세계 선진국 수준에 다다랐다. 우리 시대 한국의 성취는 세계 모두를 놀라게 할 만큼 눈부신 것이었다. 이러한 성취를 바탕으로 오늘의 한국은 우리 한국인들에게 자만하지 않되, 가슴 벅찬 자부심을 갖게 하는 것이 사실이다. 나라를 되찾고 지키고 발전시킨 선조들의 고결한 희생에 가장 깊고 뜨거운 경의와 감사를 표하지 않을 수 없다.

이제 우리의 경의와 감사, 협력과 연대는 국가와 국경, 인종과 민족의 틀을 넘어서야 한다. 한국의 국가 수호와 번영을 위해 희생한 나라와 국민들에게까지 보훈의 범위를 넓히는, 보훈의 새 지평, 새 차원의 틀, 즉 국제 보훈을 말한다. 대한민국은 이미 원

조의 수혜국(受惠國)에서 지원국(支援國)으로 바뀐 지 오래다.

무엇보다 국제보훈은 과거의 도움과 지원에 대한 보답과 감사의 표현이 된다. 한국인들은 도움을 받으면 반드시 잊지 않고 보답하는 마음을 가진 국민이라는 인식을 세계에 심어줌으로써 국제보훈은 국격과 국가 이미지를 높이는 가장 중요한 소프트파워의 하나라고 할 수 있다.

둘째로 국제보훈은 놀랍게 발전한 오늘의 대한민국 국력의 반영이라는 점이다. 비약적인 국가 발전이 없었다면 국제보훈은 불가능하다는 점에서 그것은 국가 종합 역량의 표현이 아닐 수 없다.

셋째로 국민 심성과 마음의 측면에서 볼 때 국제보훈은 높은 세계 도덕과 윤리의 표출을 말한다. 국력이 허약할 때 침략 전쟁을 당하여 세계인의 도움으로 나라를 지키고 일어서고 도약한 국민으로서, 세계와 세계인을 향한 보편적인 세계 시민 도덕과 세계 시민 윤리의 실천이라는 점이다. 따라서 그것은 세계 사랑과 인도주의의 실현이 된다.

넷째로 국제보훈은 가치 보훈을 뜻한다. 인류 공통의 가치, 즉 자유와 평화, 인권과 민주주의의 가치를 추구하는 국가와 국민들을 연결하는 가치 연대의 의미를 담는다. 한국이 그러한 가치 연대의 선두에 설 수 있는 핵심 통로가 바로 국제보훈인 것이다. 그런 점에서 국제보훈은 장차 한국 외교의 중심축의 하나가 되기에 충분하다.

다섯째로 국제보훈은 미래 보훈을 뜻한다. 국제보훈은, 혹여 있을지도 모를 미래의 국난을 대비하여 오늘의 세대가 미래 세대를 위해 미리 놓는 튼튼한 주춧돌이 될 것이다. 우리 세대의 번영이 앞 세대의 희생의 산물이듯 우리 세대 역시 미래 세대를 위한 헌신의 역할을 수행하게 되는 것이다.

여섯째로 국제보훈은 적극적인 평화 보훈을 의미한다. 즉, 과거의 지원에 대한 현재의 국제 보훈은 소극적 과거 기억과 감사를 넘어 미래를 향한 적극적인 전쟁 방지와 평화 수호의 의미를 담는다. '오늘의 보훈'은 '전쟁의 과거'와 '평화의 미래'를 연결하는 최고·최선의 연결고리인 것이다. 인류애를 통한 국제 평화 창조 행동인 것이다.

국제보훈 대상 범위 넓히고 공동 추모 행사 등 적극 활용해야

이러한 복합적이고도 다층적인 의미를 갖는 국제보훈의 구체적인 영역으로는 참전국들의 파견과 지원 규모의 정확한 파악,

생존자 국내 초청, 전투 업적 정리와 홍보, 명예 선양, 참전 단체 지원 및 후손 발굴과 연대, 참전국과의 우호 증진 및 한국전 관련 기록과 책자 제작 지원, 미래 세대를 위한 교육과 장학 지원, 청년 정기 교류와 상호 방문 등 매우 많은 분야가 있을 것이다. 하나하나가 중요한 의미를 갖는다. 물론 광복, 건국, 경제 발전과 민주화 과정에서의 한국에 대한 국제 헌신과 기여에 대해서도 발굴하고 기억하고 기념할 필요가 있다.

국제보훈의 방식은 양자, 다자, 국제 공동의 여러 형태가 가능하다. 가장 많은 협력과 연대가 가능할 양자 방식은 사업 추진에 앞서, 우선 기존의 유엔 참전 16국에 더해, 의료지원국 및 그동안 개별 참전국으로 인정받지 못해 왔던 나라들 - 이를테면 멕시코, 아일랜드, 수리남 - 에 대한 참전 사실 확정을 통해 국제보훈과 연대의 범위를 넓힐 필요가 있다. 그럴 경우 한국전 참전 국가들은 6대륙 25개국에 달한다. 한국전쟁은 단 한 대륙도 빠지지 않고 참전한 유일한 개별국가 전쟁이었던 것이다.

다자 및 국제 공동 방식으로서는 참전국들 전체가 하나의 공동 추모일 - 예컨대 매년 11월 11일 한국전 유엔 참전 용사 국제 추모의 날 - 을 택하여 공통의 추모 행사나 묵념의 기회를 갖는 것도 한국과 세계를 연결하는 좋은 방법이 될 것이다. 또한 전체

참전국들을 포괄하는 '한국전 참전국 정상회의' 또는 '한반도 평화 정상회의'를 유엔 국제 평화기구로 설치·등록하여 연례 정상회담을 하는 것도 한반도와 세계 평화를 위해 획기적인 의미가 있다. 한국 주도로 참전국 사이에 정례 보훈장관 국제회의를 개최하는 것도 의미가 크다. 국제보훈이야말로 적극적 평화외교를 위한 다양한 형식과 내용을 갖는 소중한 통로요 자원인 것이다.

선조들이 가꾸고 발양해 온 '세계로의 지혜' 계승할 때

21세기 한국 보훈의 핵심 기조와 방향은 네 가지라고 할 수 있다. 보편 보훈, 통합 보훈, 미래 보훈, 국제 보훈이 그것들이다. 우리는 이 중 어느 하나도 소홀히 해서는 안 된다. 대한민국은 2020년 6·25 한국전쟁 70주년의 해를 맞아 국제보훈과 관련하여 두 가지의 매우 의미 있는 계기를 맞은 바 있다.

먼저 세계가 대감염병의 고통과 공포로 신음할 때 유엔 참전국들을 대상으로 선제적으로 마스크를 지원함으로써 생명 위기에 처한 참전 국가와 용사들에게 상당한 반향과 감동을 불러일으킨 바 있다. 둘째 2020년 3월에 제정된「유엔 참전용사의 명예 선양 등에 관한 법률」로서 이는 한국 보훈사와 국제보훈 실현에 있어서 획기적인 계기였다. 이에 앞서 한국은 이미 6·25 한국전쟁 정전 60주년인 2013년 7월에 「참전유공자 예우 및 단체 설립에 관한 법률」을 개정하여 매년 7월 27일을 '유엔군 참전의 날'로 제정함으로써 유엔 참전국들의 국제 지원을 제대로 기억하는 계기를 마련한 바 있다.

국제보훈을 통해 인권과 민주주의, 과학과 기술, 경제와 무역, 첨단제품과 상품 수출을 넘어 감사 표시, 인류 사랑, 세계 윤리, 미래 평화 건설에서도 우뚝 선 선도국가가 되길 소망해 본다. 경계국가 시민으로서 역사적으로 한국인들의 눈과 마음은 언제나 세계를 향해 열려 있었고, 또 세계를 품어 온 바 있다. 그리고 그러한 세계인으로서의 품새와 시야가 한국을 지키고 발전시켜 온 근본 토대의 하나였다.

국제보훈을 통해 이제 우리는 장구한 역사를 통해 선조들이 가꾸고 발양해 온 그 아름다운 '세계로의 지혜'를 다시 계승할 때다. 그리하여 대한민국을 선진국을 넘어 선도국가로 도약시킬 때다.

한국인들과 세계인들의 절대 희생 위에 오늘의 우리가 존재한다. 그 희생을 통해 발전한 우리는 마땅히 세계시민적인 동시에 선도국가적인 책임 윤리와 소명의식을 갖지 않으면 안 된다. 이

땅과 온 누리가 평화로워질 때까지. 오늘의 우리와 한국을 위해 희생하신 우리의 선조들과 세계의 영령들에게 삼가 하늘의 평안 이 함께하시기를 기원한다.

참전국 대사와의 교류, 마스크 보훈으로 보폭 확장

국제보훈 - 현장과 사례

— 나라사랑신문 특별취재반

6·25전쟁 70주년 등을 지나며 국가보훈처가 주도하는 국제보 훈의 행보가 빨라지고 있다. 지난해 열렸던 각종 참전행사 등을 거치며 참전국들과 만들어진 연대가 점차 깊어지고 넓어지고 있 는 양상이다.

최근 들어 황기철 국가보훈처장이 잇달아 참전국 대사들을 만 나는 '참전국 은혜에 대한 보답 행보'와 지난해 말부터 추진해 온 코로나19 확산 상황에서의 마스크 외교가 그 대표적인 사례이 다. 황기철 보훈처장은 지난달(2021.2) 3일 후안 카를로스 카이 자 로즈로 주한 콜롬비아대사와 필립 터너 주한 뉴질랜드대사,

5일에는 캐서린 레이퍼 주한 호주대사와 사이먼 스미스 주한 영국대사를 각각 만나 양국 간의 다양한 의견을 나눴다.

황 처장은 4월 중에도 전투 참전국 대사들을 중심으로 접견을 계속 이어가면서 국제보훈의 영역을 지속적으로 넓혀갈 계획이다. 황 처장의 이 같은 국제보훈 행보는 6·25전쟁 당시 참전했던 22개 참전국 은혜에 대한 보답의 뜻을 갖는 한편, 각 참전국과의 다양한 대화를 통해 보훈정책을 공유하고 참전국과의 다양한 협력 채널을 확보한다는 적극적 의미가 있다.

마스크 외교의 경우 코로나19 극복에 세계 모든 나라들이 부심하고 있는 가운데 유엔 참전용사들에게 K방역의 주역 중 하나인 방역마스크를 전달해 세계의 칭송을 받은 것을 지칭한다.

유엔참전국에 보낼 마스크를 수송기에 싣고 있는 모습

지난해 5월 세계가 마스크 물량 부족으로 크게 고심하고 있는 가운데 국가보훈처와 6·25전쟁70주년사업추진위원회가 22개 유엔 참전국 참전용사들에게 고마움을 표하는 '유엔 참전용사 덕분에 챌린지' 캠페인을 벌이면서 참전국 미국에 마스크 50만 장, 그 외 참전국 21개국에 50만 장 등 해외 참전용사들에게 마스크 총 100만 장을 지원했다.

당시 로버트 윌키 미 보훈장관은 성명을 통해 "마스크 선물은 70년 전 전쟁에서 다져진 서로에 대한 한미 양국의 깊고 지속적인 존중을 나타내는 것"이라며 "많은 시간이 흐른 지금 한미 양국이 우리 시민들의 삶과 생계를 위협하는 팬데믹 통제를 위한 또 다른 고귀한 대의명분에 같이 참여하고 있다"며 고마워했다.

이어 보훈처는 올해 1월에도 200만 장의 방역마스크를 추가 확보해 미국에 100만 장, 다른 참전국에 100만 장을 각각 지원했다. 해외언론의 집중적인 조명을 받은 마스크 외교는 지난해 외교부 공공외교위원회가 선정한 2020년도 공공외교 우수사례 베스트협업상을 받아 '외교적 성과'을 인정받았다.

국제보훈은 이제 '과거' 참전을 통해 맺었던 우정을 '미래'를 더 깊고 넓은 협력을 위한 소중한 외교의 자양분으로서의 역할을 하기 시작했다는 평가를 받고 있다.

보훈과 복지

- '자기 삶의 터전서 오래살기'에 정책 중심 …
  복지트렌드와 수요자 요구 반영해야

이영자_ 전 보훈교육연구원 연구원

우리나라에 보훈제도가 시작된 후 보훈복지는 국가유공자를 위한 가장 중요한 정책 수단이 되었다. 이는 우리 보훈제도가 국가 보상과 사회보장의 양면성을 띠고 있음을 의미한다. 아직 전쟁의 그림자로 국가 체계와 사회가 혼란스러웠던 시기에 보훈은 각종 수당으로 대표되는 보상 정책과 함께 선제적으로 사회보장 정책을 실시해 왔다. 구체적으로 보면, 1952년 전몰군경 유족과 상이군경을 대상으로 연금을 지급하기 시작했고, 1961년 국립원호병원, 1963년 종합원호원이 설립되는 등 촘촘한 의료·복지 네트워크가 구축되기 시작했다.

'보훈'의 의미와 가치가 다각도에서 활발하게 논의되며 국민과 사회의 통합 기제로 많은 주목을 받는 것은 사실이지만, 보훈 복지 분야의 경우 최근 우리나라의 사회보장제도가 보편화되고 질적 수준이 점차 상향됨에 따라 상대적으로 보훈복지가 일반 사회복지정책에 뒤처지는 것이 아닌가 하는 우려도 등장하고 있는

게 사실이다.

이러한 현상이 발생하는 원인은 법률, 행정, 전문성 문제 등 다양한 요인이 있겠지만 근본적으로 보훈복지가 무엇을 위해 존재하고 어떤 의미와 가치가 있는지에 대한 심도 깊은 고뇌와 성찰이 부족하기 때문인 듯하다. '보훈복지란 무엇이며, 사회복지와 어떤 점이 다른가?' 이러한 원론적이지만 핵심적인 질문에 제대로 답할 수 있을 때 보훈복지는 '사회복지 플러스 알파(+α)'라는 목표에 한 걸음 다가설 수 있을 것이다.

복지에 담긴 '예우와 존경', 유공자 영예로운 삶에 기여

사회복지와 보훈복지는 생성 배경 자체가 엄연히 다르다. 사회복지는 근대 자본주의가 발달함에 따라 빈곤 문제가 사회화되며 개인의 빈곤은 사회적 책임이라는 인식에서 생겨났다. 그러나 보훈복지는 근대국가 형성 이전의 공동체 의식에서 출발해 국가의 당위적 의무이행이라는 인식에서 출발했다. 보훈복지는 국가보상론에 기반을 두고 국가유공자의 공헌과 희생에 상응하는 보상을 제공하는 것으로써 단순한 생계유지를 넘어 영예로운 생활 지원을 목적으로 한다. 따라서 보훈복지는 국가와 사회를 위한 희생에 따른 보상과 상징성, 국가유공자의 권리 등이 고려되어야 하는 것이다.

그런 점에서 국가보훈정책의 일환으로 이루어지는 보상과 복지는 단순히 일반 국민 전체에게 제공되는 복지의 개념과는 다르고, 또 다르게 취급되어야 마땅하다. 보훈복지에 '예우'와 '존경'의 개념이 충분히 녹아 들어 있지 않다면 단순한 일반 복지의 한 부분으로 취급당할 것이고, 이는 국가보훈처 조직의 목표와 보훈의 정책 목표에도 부합하지 않게 된다. 보훈복지는 단순히 사회복지의 범주 안에서 논할 것이 아니라 '보훈'의 성격을 강조하여 국가유공자들의 영예로운 삶에 기여할 수 있는 것으로 만들어 나가야 한다.

이원화된 보훈 의료와 복지, 각 서비스의 유기적 연계 시급

현재 보훈의 3대 기둥인 독립, 호국, 민주 유공자들의 고령화가 지속되고, 신규 국가유공자의 등록 비율이 낮아 보훈대상자의 고령화율은 이미 심각한 수준에 달하고 있다. 전체 보훈대상자 중 70대 이상의 비율이 70%를 넘어섰고, 향후에도 후기 고령자의 급속한 증가는 불가피한 상황으로 판단된다. 국가보훈처와 보훈공단에서는 그동안 이러한 고령화에 대비해 많은 준비를 해온 바 있다. 의료와 요양 시설에도 많은 투자를 했고, 각 지방 보훈관서를 통해 심리상담과 재가복지 서비스를 시행하는 등 제도적 시스템도 많은 발전을 이루어 왔다.

하지만 오늘의 상황은 더 치밀하고 체계화된 대책을 필요로 하는 단계에 들어서고 있음을 고려해야 한다. 75세 이상의 후기 고령자가 되면 생활습관병이나 암, 치매, 만성질환의 위험이 증가하기 때문에 의료 수요와 더불어 필연적으로 돌봄 서비스의 수요도 높아지게 된다. 고령층의 증가는 의료, 요양, 예방과 같은 전문 서비스와 일상생활의 기반이 되는 주거 환경, 생활 지원 및 복지 서비스 등이 서로 밀접하게 연관될 수밖에 없다. 따라서 이제는 보훈 관련 모든 자원을 연계해 '가능한 한 자기 삶의 터전인 지역에서 오래도록 자택 생활'을 할 수 있도록 돕는 방향으로 의료, 복지의 역할과 기능을 새롭게 정립해 나가야 한다. 이를 위해서는 현재 국가보훈처와 보훈공단으로 이원화되어 있는 보훈 의료와 복지, 요양과 재가 서비스의 유기적인 연계와 통합을 적극 고려할 필요가 있다.

무엇보다 장기적인 관점에서 보훈복지의 미래상을 명확하게 그려야 한다. 단기 목표에만 집중하다 보면 큰 그림을 그리기가 어렵고, 눈으로 측정하기 어려운 복지에 대한 평가 역시 양적 결과 지표에만 치중하다 보면 진정으로 국가유공자들의 삶의 질과 연관되는 정책을 펼치기가 쉽지 않게 될 수 있다.

현재 눈앞에 드러난 시급한 문제 해결 위주의 사후적 정책에 적당히 타협하기보다는 흔들리지 않을 보훈복지의 최종 비전을 수립하고 단계적으로 이를 위한 전략적 변화의 바람을 불어넣어야 한다.

이를 위해서는 우선 의료와 복지가 적절히 융합된 형태의 정책 방안이 필요하다. 오늘의 상황은 고령화 사회가 될수록 의료의 역할은 질병이나 요양 상태에 빠지지 않고 건강 수명을 연장하기 위한 생활습관병 예방이나 치매, 요양 예방과 같은 보건 분야의 역할이 중요해지고 있다. 보훈의료 역시 신체 부위에 맞춰 '치료하는 의료'가 아니라 '생활을 지탱하는 의료'로 패러다임을 확장하여 보훈정책의 중심 역할을 담당해야 한다. 현재 보훈 의료와 복지 시스템으로는 대응하지 못하고 지역 내에 머물고 있는 국가유공자를 위한 근본적인 정책 마련이 반드시 필요하다.

U-건강관리 등 정책도입 필요, '사회복지 플러스 알파' 실현을

다음으로 보훈이라는 테두리 안에서도 존재하는 복지 사각지대를 최소화해야 한다. 여러 선행연구에서는 접근성이 떨어지는 산간오지 등의 국가유공자에 대한 서비스 사각지대를 지적해왔다. 원격의료지원을 위한 유비쿼터스 건강관리(U-Health Care System), 소규모 다기능의 지역 밀착형 시설 도입, 화상 상담 서비스 등 다양한 대안이 제시됐지만, 여전히 접근 취약 지역에서는 보훈 관련 서비스 이용이 쉽지 않다. 거동이 불편한 고령자나 사각지대 해소를 위한 활동에 관심을 기울일 수 있도록 정책적 뒷받침이 필요하다.

마지막으로 이러한 의료와 복지 연계나 사각지대 해소 등과 더불어 중장기적으로 보훈복지가 시도해 볼 수 있는 대안을 검토해 보고자 한다.

첫째, 보훈 리빙랩(LivingLab)이다. 복지 선진국뿐 아니라 우리나라에서도 '살아온 집에서 노후 보내기(Aging In Place, 나이가 들어도 요양원이나 병원 등으로 주거지를 옮기지 않고 살아온 집에서 계속 생활하는 것)'를 기반으로 한 커뮤니티 케어(지역사회 통합 돌봄)이 주목받고 있다.

리빙랩은 다양한 시도를 통해 최적의 대안을 찾아낸다는 일상 생활의 실험실이라는 의미가 내포되어 있다. 보훈의료와 복지에 IT 기술을 조합하면 지역 내의 국가유공자에게 건강 지원과 24시간 돌봄으로 안심하고 생활할 수 있는 시스템 구축의 기본이 될 수 있다. 국가유공자들이 오래 살아 익숙한 자택에서 건강하고 영예로운 삶을 지속할 수 있도록 개개인의 상황에 맞는 개인맞춤형, 여러 지역의 특성에 맞는 지역맞춤형 등의 형태로 다양한 보훈 리빙랩의 시도가 있어야 할 것이다.

둘째, 최근 노년학 분야에서 많은 주목을 받고 있는 노화로 인한 장애를 극복하거나 대체할 수 있는 제론테크놀로지의 도입이다.

제론테크놀로지는 노년학(Gerontology)과 공학기술(Technology)을 합성한 단어로 고령자를 위한 생활 자립지원 기술을 의미한다. 신체에는 큰 영향을 주지 않고 고령자의 기능을 보강하거나 주변 환경을 개선하여 고령자의 생활을 지원하는 기술로 허약해진 신체 기능을 인공적인 기계나 환경 개선을 통해 지원하는 배리어 프리(물리적·제도적 장벽 허물기, barrier free) 개념과도 이어진다. 보훈에서는 이미 오래전부터 국가유공자를 위한 보장구(보철구)와 주거 개선 사업을 지원해 오고 있다. 이러한 노하우를 국가유공자의 고령화와 접목해 생활하기 편리한 환경 조성, 삶의 질 향상과 돌봄자의 부담을 줄일 수 있는 방향으로 연구와 개발이 이루어지기를 고대한다.

다시 시계를 되돌려보면 보훈제도가 우리나라의 사회보장제도를 이끌어 왔던 것처럼 보훈대상자의 고령화는 보훈이 우리나라의 복지정책을 이끌어나갈 선도자가 될 수 있는 좋은 기회가 될지도 모른다. 국가유공자라면 누구라도 최후의 순간까지 건강하고 행복한 삶을 누릴 수 있도록 제대로 된 '사회복지 플러스 알파(+α)'를 실현할 수 있다면 보훈복지정책의 사례가 우리나라 복지정책에도 크게 기여할 것이다.

이미 갖추어진 의료와 요양, 주거 및 재가 서비스 등 최고의 인프라를 발판 삼아 이제는 복지 트렌드와 국가유공자의 요구(Needs)를 정확하게 맞춰나갈 수 있는 시스템으로 발전시켜 나가야 할 것이다.

초고령 국가유공자를 위한 최선의 예우 '요양 서비스'

보훈복지 - 요양과 시설 지원 현황

— 나라사랑신문 특별취재반

참전유공자 대부분이 초고령에 들어서는 현재 보훈복지의 가장 커다란 관심과 역점 사업의 하나는 요양 서비스이다.

국가보훈처는 노인성 질환 등으로 요양등급 판정을 받은 국가유공자와 유족의 편안한 노후생활 지원을 위해 전국 7곳에 보훈요양원을 운영하고 있다. 지난 2008년 수원과 광주에서 처음 문을 연 보훈요양원은 2009년 김해, 2011년 대구, 2012년 대전,

강원 원주요양원

2015년 경기 남양주, 지난해(2020) 강원 원주요양원을 개원했다.

보훈처는 미설치 권역 수요와 수도권 장기 입소 대기 해소를 위해 보훈요양원 추가 건립을 지속적으로 추진하고 있으며 올해는 전북권 보훈요양원 건립이 추진되고 있다. 전북 전주시 완산구에 건립 중인 전북권 보훈요양원은 353억원의 예산을 들여 지난 2018년에 착공했으며 올해 12월 개원을 목표로 막바지 공사에 박차를 가하고 있다.

내년에는 수도권 보훈요양원 입소 대기자 해소를 위한 추가 건립을 추진할 방침이다. 이는 2월 말 기준 보훈요양원 입소 대기자 1,648명 중 수도권 대기자가 1,287명으로 전체의 78.1% 차지하고 있을 정도로 수도권 수요가 많은 것으로 파악되고 있기 때문이다. 국가보훈처는 내년도 수원보훈요양원 증축과 신규 수도권 보훈요양원 신축을 위한 예산 확보를 적극 추진하고 있다.

국가보훈처는 이 외에도 보훈요양원과 민간요양 시설에서 생활하는 국가유공자에게는 생활수준을 고려해 시설 이용에 따른 본인부담금 중의 일부(대상별로 40%, 60%, 80%)를 지원한다. 또한 무의탁 고령 국가유공자와 유족을 위해서는 경기 수원에 보훈원을 운영하고 있다.

보훈과 여성

- 공동 목표에 연대한 '주체'로서의 여성 인정해야 …
여성의 역할·기록·연구의 적극적 축적 필요

심옥주_ 한국여성독립운동연구소

문재인 정부는 출범과 함께 '역사를 잃으면 뿌리를 잃는 것'이라는 가치를 중심으로 독립운동가 서훈 대상자 발굴과 포상을 적극 추진해 왔다. 2019년 3·1운동 및 대한민국임시정부 수립 100주년을 기점으로 이제까지 소홀했던 여성 독립운동가에 대한 적극적 관심을 보이는 한편 유관순 열사를 비롯해 학생, 교사, 간호사, 승려, 기생, 정치인 등 다양한 계층의 인물에 대한 관심과 발굴이 지속적으로 이어졌다.

2021년 3월 기준으로 서훈된 여성독립유공자는 526명으로 2011년 3월 여성독립유공자 224명에 비해 2배 이상이 되는 성과를 보였다.

'국가와 보훈' 담론에 부재한 여성

보훈은 정부와 국민의 관심에서 시작된다. 기존의 보훈 프레

임에서 여성에 대한 관심이 시작된 시기는 2016년 정도로 볼 수 있다. 당시 대중영화를 통해 묘사된 역동적인 여성 투사는 조국이 처한 상황을 주시하고 구국전선에 나선 '국가 구성원으로서의 여성'의 존재감을 부각시켰다.

안타깝게도 이때까지 '헌신과 공헌'을 강조한 보훈의 가치에 기존의 여성은 수동적 존재 혹은 헌신의 대상으로 제한되면서 국가·여성·보훈에 대한 담론은 거의 없었던 상황이었다. 그러나 일제강점기 여성독립운동은 국내항일운동, 학생운동, 의열투쟁, 만주방면, 노령방면, 중국방면, 임시정부, 광복군, 미주방면 등 전 운동 계열에서 포착되며 분명하게 항일운동사의 큰 줄기를 형성했다.

한국 근현대사를 통괄하는 보훈의 역사에 여성은 국가 존립을 위해 목숨을 바친 선열의 대열에 있었지만 주목받지 못했다. 그리고 여성 보훈 관련 연구 부재와 서훈 심사 과정에서의 여성 전문가 부재는 여성 독립운동을 이해하는 폭이 좁아지면서 홀대로 이어졌다.

'국가라는 거대한 담론 속에 구성원으로서 목숨을 건 여성의 투쟁에 비해 국가의 실질적인 보상과 예우의 기준은 현실적이고 엄격했다.

그것은 구체적인 사례에서 확인된다. 1909년 중국 하얼빈에서 초대 조선통감 이토 히로부미를 저격해 처단한 안중근 가(家)의 여성들은 안중근 순국 이후 중국과 러시아 북만주 일대에서 일제의 감시를 받으면서도 독립 자금과 문서 전달, 군복 수선과 군복 지원 활동을 이어나갔다. 그들에게 독립운동의 흔적을 남기거나 기록하는 것은 가족 전체의 생명을 위협받을 정도로 위험한 현실이었다.

일제의 감시를 피해 모친 조마리아, 부인 김아려, 여동생 안성녀, 조카, 며느리 등 여성은 3대에 걸쳐 목숨을 걸고 독립운동을 실천했지만 서훈 입증 자료는 부족했다. 국외의 만주, 러시아, 멕시코, 쿠바 등에서 남녀 동권 의지를 가지고 독립운동을 실천한 여성 독립운동가 역시 자료 부족과 동시에 소멸된 자료에 대해 무관심한 채 누구도 책임을 묻지 않았다.

보훈과 여성은 보훈 정신사의 구체적 관심에서 시작된다

광복 이후에도 여성들의 독립 정신은 소멸되지 않고 활발하게 이어졌다. 미군정기 재편된 경찰 체제와 치안 기구가 개정 확대되는 과정에서 신설된 여성 경찰서의 초대 서장인 양한나를 비롯해 전창신·안맥결·노마리아 등 여자 경찰서장은 독립운동가로서 활동을 이어나갔다. 오광심과 오희옥, 민영숙 등 여성 광복군으로 활동한 이들을 비롯해 해방 이후 공군 창설 과정에 기여한 여성비행사 권기옥은 한국 공군의 어머니로 주목받았다. 여성 독립 정신은 여성 보훈 정신의 맥으로 형성되어 실천되고 계승되고 있었다.

국방부는 '건군사'를 통해 군의 건국 이념이 광복군 정신을 계승하고 광복군을 모체로 국군을 성장·발전시키고 있다고 말하고 있다. 그 흐름 속에 자리를 차지하고 있는 대한민국 여군 정신도 여성 광복군 정신의 계승 차원에서 조명할 필요가 있다. 오늘날 여군 만 명의 시대에 들어선 지금, 대한민국 여군의 정신적·역사적 근원도 여기에 둬야 할 것이다.

보훈 정신은 나라 사랑의 정신적 원동력이며 국민 정신력의 요체이다. 역사와 보훈, 국가와 여성, 보훈과 여성의 관계가 국민정신의 역사이며 여성 구국의지의 역사로 정리할 수 있다. 개인보다 국가를 생각한 여성의 나라 사랑 정신과 구국 정신을 계승하는 것은 보훈의 가치에서 매우 유의미한 것이다. 여성 광복군·여성경찰·여성군인으로 이어지는 맥락은 한국 여성의 구국의지가 구체화되는 역사와 상통한다.

대한민국임시정부의 법통과 임시정부 산하의 여성 광복군, 그리고 중국과 만주 일대에서 무장 독립 투쟁을 했던 수많은 여성 독립운동가의 활약과 그 정신적 줄기가 현대의 여성 경찰과 여성 군인, 민주화운동으로 이어진 것이다.

6·25전쟁은 여군 창설로 여성과 보훈의 관계가 구체화된 시기이다. 대한민국 여군은 1950년 전후 육·해·공군 전역에서 창설됐다. 공군은 1949년 1월 15일 여자 항공병 1기 15명의 입대를 시작으로 2월 15일 '여자항공교육대'를 창설한 데 이어 10월 1일 여자항공대로 개칭했다.

육군은 '여자청년호국대지도자훈련'에서 배출된 여자 배속 장교 32명이 육본특명 제164호에 의해 1949년 7월 30일자로 육군 예비역 소위로 임관했고, 1950년 1월 1일 '국방부 일반명령 제58호'에 의해 그중 10명이 현역으로 편입되면서 육군 최초의 여군이 탄생했다.

해병의 경우 6·25전쟁 발발로 제주로 피난을 온 여성과 제주 출신 여성이 해병에 지원하면서 1950년 8월 31일 창설된 최초의 여성의용대에서 그 뿌리를 찾을 수 있다. 이들은 해군신병교육대에서 훈련을 받은 뒤 1950년 8월 31일 해군통제부 주관의 여자 해병으로 처음 탄생했다.

여군은 6·25전쟁 과정에서 육·해·공군의 여군 활동과 함께 간호장교로 전장에 나섰고 참전 활동을 수행했다. 그리고 이후 국내와 베트남 참전, 해외 파병 등의 모든 시기에 전후방에서 당당하게 그 임무를 수행하고 있다.

여성과 보훈은 국가 위기의 의병, 국민개병 관점에서 주목

지금까지 살펴본 한국 근현대사에서의 여성의 역할을 짚어 보면서 보훈 영역에서 여성과 보훈의 관계가 정립되기 위해서는 다음과 같은 시각의 접근이 필요하다.

첫째, 국가 위기에 자발적으로 결집된 의병(義兵), 국민개병(國民皆兵)의 관점에서부터 여성과 보훈의 관계를 주목해야 한다.

대한민국임시정부는 '이천만 충의자녀가 다 독립의 군인'이며, '대한민국의 인민은 남녀, 귀천 및 빈부의 계급이 없고 일체 평등하다'라고 선언했다. 1920년《독립신문》은 '국민개병의 제1성' '다시 개병으로 대하야' '국민개병의 첫 소래' 등 '국민개병'의 모든 논의에서 남녀 구분을 없앴다.

여기에 맞춰 여성들 또한 '안사람의병단' '여학생결사대' '부녀복무단' '여성재봉부대' '부인결사대' '애국부인회' '여성 광복군'

'대한여자애국단' 등 여성의 국민개병 의지를 적극 실현했다.

임시정부·만주·중국·노령·연해주 등 독립군의 격전지에서 독립군단의 군복을 제작하거나 연락책 역할·정보 수집의 지원 활동, 폭탄 투척·암살·저격 활동 등의 의열 투쟁을 비롯한 미주 지역 여성의 독립 의연과 국민의무금 활동은 국민개병 의지를 확고히 보여준 사례로 남아 있다.

둘째, 상호작용의 매커니즘 시각에서 여성과 보훈의 관계를 보아야 한다.

여성은 공동체적 관점에서 조국 독립을 위해 공동 목표와 연 내감, 소속감, 민족의식을 공유한 주체적 존재로 인식돼야 한다. '국가' '독립' '집안' '단체'의 공통분모의 시각에서 볼 때, 대부분의 여성은 가족공동체나 단체의 일원으로 지원하는 활동을 했기 때 문에 활동 과정에서 자신의 존재를 서류화하는 데는 소홀했다. 함께 시간과 공간을 공유했지만 여성은 활동 입증 자료의 부족 으로 소외된 상황에서 이를 발굴하고 인정하고 그 의미를 확인 하는 것은 매우 중요한 보훈정책의 과제로 남아 있다. 이를 위해 서는 여성 활동을 다면적 시각에서 확인하고 규명하는 작업이 필요하다.

반면 '호국' 분야에서는 6·25전쟁에 참전한 여군의 활동을 규명할 수 있는 자료가 비교적 충분해 역사적 기여를 인정하고 개인의 공훈과 국가유공자로 선정하기에 무리가 없는 것으로 분석된다. 이것은 이후 4·19혁명이나 5·18민주화운동 과정 등에서의 여성의 역할을 인정하는 '민주' 분야의 경우도 비슷하다.

셋째, 여성과 보훈의 시각을 공유할 수 있는 아카이빙(기록) 구축이 필요하다.

의병운동, 국채보상운동, 3·1운동, 국내외 독립운동과 해방정국, 미군정기, 6·25전쟁, 민주화운동의 모든 과정 등 험난했던 역사의 순간 순간에 여성은 구국의지를 발휘했고 나라 사랑을 실천했다. 그런 면에서 아직 미흡하기 그지없는 여성운동 관련 자료와 인물 활동의 교차점을 확인할 수 있는 아카이빙 구축을 통해 부족한 자료를 정리해 나가야 한다.

보훈의 역사에서 근현대사를 통괄하는 여성 보훈의 정신적 근간을 정리한 연구가 거의 없는 상황을 직시한다면 늦었지만 여성 보훈과 관련한 연구, 다양한 출판물 발간 등을 통해서 자료와 연구를 축적하고 디지털화하는 작업이 필요하다. 이제는 보훈의 영역에서 소외된 여성과 보훈의 관계가 좀 더 구체적으로 현실화되어야 할 시점이다.

남성 위주 발굴 극복, 문재인 정부서 '발굴·포상' 추진

'세상의 절반' 여성 독립운동가

— 나라사랑신문 특별취재반

올해 초 서울 삼청동 학고재에서 윤석남 화백의 '싸우는 여자들, 역사가 되다' 전시회가 열렸다. 여성 독립운동가에 대한 관심이 높아지고 있는 가운데 열린 이 전시회는 미술계는 물론 보훈가족 등 많은 사람들이 찾아 여성의 독립운동 참여와 기여에 대한 재조명의 필요성을 확인하는 기회가 되기도 했다.

이 전시회는 여성이라는 이유로 평가가 소홀했던 여성 독립운동가들을 소환했다. 김마리아, 강주룡, 권기옥, 김명시, 김알렉산드라, 김옥련, 남자현, 박자혜, 박진홍, 박차정, 안경신, 이화림, 정정화, 정칠성 선생이 시대를 거슬러 우리 곁으로 다가온 것이다.

문재인 정부 들어 여성독립운동에 대한 재평가와 함께 서훈이 적극적으로 이뤄졌다. 현재까지 정부가 인정한 독립유공자 1만 6,685명 중 여성은 526명으로 3.15% 수준에 그친다. 이 중 40%가 문재인 정부 들어 뒤늦게 독립운동가로 인정됐다. 이는 국가

보훈처가 여성 독립운동가에 대한 자료를 광범위하게 수집하고
정리해 그들의 공훈을 인정하기 위한 작업을 적극적으로 추진하
면서 이뤄낸 성과이다.

여성계에서는 "이제까지 지난 100년간 우리 사회는 남성 독립
운동가 위주로 발굴과 포상, 선양이 이뤄져 왔다. 그런 차별적
흐름을 깨기 위해서라도 여성 독립운동에 대한 특별한 조명이
필요하다"고 주장하며 정부의 인식 전환을 요구해 왔다.

문재인 대통령도 이 같은 상황을 충분히 인식하고 2019년 대
한민국임시정부 수립 100주년 기념사업 추진위원회 회의에 참
석해 "남편 못지않게 활발한 활동을 했음에도 여성 독립운동가
들의 활동은 그만큼의 평가를 받지 못했다"면서 "앞으로도 여성

여성독립운동가를 그린 윤석남 화백의 전시회

독립운동가들을 적극 발굴해 나가겠다"고 약속하기도 했다.

이렇게 이뤄낸 성과는 정부와 민간이 함께 움직여 여성독립운동에 대한 사회적 관심을 불러일으키기 위한 노력과 국가보훈처의 발굴과 서훈을 위한 집중적인 노력으로 이어졌다.

한일문화연구소 이윤옥 소장은 "조선의 독립운동은 1895년부터 시작됐다. 국운이 기우는 것을 감지한 혁신 유림들이 만주 서간도로 이주를 했고, 이후 서간도는 신흥무관학교를 비롯해 독립운동의 심장과 같은 역할을 했다. 그리고 그 시작부터 끝까지 여성들이 함께했다"면서 "하지만 남성 독립지사들이 이름을 올리는 동안 수많은 여성들은 이름 없는 들꽃처럼 역사의 무대에서 져 버리고 말았다. 그분들의 이름을 당당히 다시 불러 드려야 한다"고 말했다.

보훈처는 앞으로도 학계, 여성계 등과 함께 여성 독립운동가의 활동과 성과를 적극 발굴하고 포상하기 위한 노력을 계속할 방침이다.

보훈과 공공의료

- 보훈병원의 공공의료 기능 확대 필요 …
  주민진료, 연관병원 협력, 인력 대책 검토해야

김진현_ 서울대학교

의료 서비스가 일반적인 재화 혹은 서비스와 구별되는 사회경제적 특징으로는 공급자의 면허 제도와 정보 독점에 의한 독점 시장, 감염병처럼 한 사람의 감염이 사회 전체로 번질 수 있는 외부효과의 존재, 의식주와 마찬가지로 생존에 필수적인 서비스라는 점을 들 수 있다. 다시 말해서 의료 시장에서는 면허를 가진 의사만이 독점적으로 의료 서비스를 제공할 수 있고, 감염병처럼 한 개인이 스스로 대처할 수 없는 엄청난 파급효과를 지닌 질병도 있어 수급 불균형의 가능성이 상존한다.

　의료 서비스는 무엇보다 생명과 직결되므로 인간이면 누구든지 경제적, 지리적 장벽 없이 접근할 수 있어야 한다. 이러한 이유로 의료시장의 경우 국가의 개입이 불가피하고, 필수 의료에 대해서는 사회보장제도를 통해 모든 국민에게 형평성 있게 제공할 수 있는 정책을 시행하고 있다. 이른바 공공의료체계가 필요한 이유이다. 이 공공의료체계는 의료공급체계(공공병원과 의료 인력)와 의료수요체계(공공재원)로 구성된다.

공공의료 기반 구축 시급한 현실

국가유공자에 대한 보훈의료는 의료시장에 대한 단순한 국가 개입이나 사회 연대성의 원리를 넘어서는 당위적 성격을 내포하고 있다. 제도주의나 잔여주의를 뛰어넘는, 국가와 국민을 지키기 위한 희생과 헌신에 대한 당위적 보상이라는 특징이 바탕에 깔려 있는 것이다. 따라서 보훈의료제도는 공공의료 체계 내에서 사회적 가치의 의무적 실현을 추구하는 특수한 제도라고 볼 수 있다.

현재 우리나라의 보훈의료는 보훈복지와 연계해 하나의 국가기관에서 의료와 복지가 동시에 제공되는 단일 시스템에 의해 운영되고 있는데 전국의 보훈병원과 보훈요양병원, 위탁의료기관에 의해 제공되고 있다. 보훈 환자를 위한 보장구의 개발과 보훈요양원 등은 우리나라 복지 서비스의 대표적인 모범 사례로 평가받고 있다. 의료와 복지의 통합적 연계라는 측면에서 보훈의료의 의미는 매우 크다.

최근 우리는 메르스와 코로나19 사태를 겪으면서 우리나라 공공의료 자원이 얼마나 부족하며, 공공의료 기반을 구축하는 것이 얼마나 중요한지 뼈저리게 느끼고 있다. 전체 병상 중에서 공공병상 수 비율은 경제협력개발기구(OECD) 국가 평균이 72%인데 비해 우리나라는 10%에 불과해 OECD 국가 중에서 꼴찌에 위치하고 있다. 공공의료를 뒷받침하는 의사 인력 역시 OECD 평균이 3.5명인 데 비해 우리나라는 2.3명에 불과하다.

이러한 상황에서 그나마 국가유공자를 진료할 보훈병원 네트워크를 전국적으로 구축하고 있다는 것이 얼마나 다행스러운 일인지 모른다. 공공의료의 한 축을 담당하고 있는 보훈의료가 향후 일반 국민을 대상으로 진료 범위를 확대한다면 지역 공공의료기관으로서 큰 역할을 수행할 수 있을 것이다. 공공의료는 의료 서비스 제공의 형평성과 효율성을 높일 수 있다는 점에서 매우 중요한 영역이 된다.

미국, 의료·요양 네트워크 잘 갖춰

보훈의료 체계가 가장 발달된 나라는 미국이다. 미국은 세계대전, 한국전쟁, 월남전, 이라크전, 아프가니스탄전 등 세계의 경찰로서 상시적으로 전쟁을 수행하다 보니 전상자가 많아 보훈의료가 질적, 양적으로 발달될 수밖에 없는 구조를 가지고 있다. 그래서 미국의 의대생들이 가장 선호하는 수련병원 중의 하나가 보훈병원이다. 다양한 증상을 가진 환자를 대응하기 위해 미국의 보훈의료 체계는 보훈병원과 보훈의원, 장기요양기관이 전국적으로 잘 갖춰진 네트워크를 가지고 있다. 이에 비해 우리나라는 한국전쟁과 월남전을 겪은 보훈환자가 고령화됨에 따라 장기입원환자와 요양환자의 비중이 높은 상황이다.

미국은 각 지역에 복수 진료과목을 갖춘 외래진료소가 발달되어 외래진료의 접근성을 높이고 있으나 우리나라는 보훈의료의 공급 능력이 제한적이어서 민간의료기관에 대한 의존도가 높다. 미국의 보훈병원은 의과대학 실습병원으로 활동성이 높지만 우리나라의 보훈병원은 의과대학 부속병원 기능을 수행하지 못하고 있다.

현재 보훈의료는 전쟁 관련 국가유공자의 급속한 고령화와 사망 증가에 의해 위기 상황에 노출되어 있다. 그러나 다른 한편으로 공상자, 중장기복무 제대군인 환자 등이 점차 증가하고 있어 향후 10여 년간 보훈환자는 완만한 감소 추세를 보이다 2030년 이후에는 다시 증가 추세를 보일 것으로 전망된다. 그리고 최근 논의되고 있는 모병제가 도입된다면 장래 보훈의료 수요는 폭발적으로 늘어날 것이다. 외부적으로는 4차 산업혁명이 급속히 진행되고 있어 어떤 형태로든 보훈의료에 영향을 미칠 것으로 예상된다.

의료전달 체계, 디지털 진료 검토

이러한 환경 여건의 변화를 고려해 향후 보훈의료의 발전 방안을 수립할 때 다음과 같은 점을 고려해야 한다.

첫째, 보훈병원의 공공의료 기능을 확대할 필요가 있다. 향후에도 국가적 재난 수준에 해당하는 감염병 위기가 주기적으로 발생할 가능성이 높으므로 보훈 환자뿐만 아니라 지역의 일반 환자를 적극적으로 담당함으로써 부족한 공공의료 자원을 보충하는 역할이 필요하다. 감염병 위기 발생 시기뿐만 아니라 평상시에도 보훈 환자와 지역 주민을 대상으로 통상적인 진료를 제공할 필요가 있으며, 보훈의료에 대한 국가유공자의 수요가 정체되는 시기에는 더더욱 전체 국민을 대상으로 공공의료 기능을 확대하는 정책이 보훈의료의 지속적 발전에 중요한 의미가 있다.

둘째, 보훈의료에서 국가유공자를 위한 돌봄 서비스의 제공이 확대돼야 한다. 특히 보훈병원과 보훈요양병원 입원환자를 위한 간호간병 통합 서비스의 확대가 시급하다. 전국 6개의 보훈병원에 입원한 보훈환자와 그 가족의 간병 부담을 해소하기 위해서는 건강보험에서 시행하고 있는 간호간병 통합 서비스의 전면 확대가 반드시 필요하다. 보훈요양병원 입원 환자에 대한 간호간병 서비스는 보훈처 자체적으로 시행할 필요가 있다.

셋째, 제한된 보훈의료 자원의 효율적 활용과 배분, 의료비 절감을 위해 보훈의료 전달 체계를 확립해야 한다. 질환의 중증도에 근거하여 중앙보훈병원-지방보훈병원-보훈요양병원-위탁의원으로 이어지는 보훈의료 전달 체계를 실효성 있게 구축해 보훈의료의 질을 높이고, 국가유공자에 대한 맞춤형 의료 서비스를 제공해야 한다. 특히 고령 국가유공자가 증가하고 있으므로 지역에서 손쉽게 접근할 수 있는 복수 진료과목으로 구성된 보훈의원의 도입과 국가유공자 예우에 상응하는 보훈 호스피스 서비스의 질 향상이 필요하다.

넷째, 4차 산업혁명의 급속한 진전에 따라 디지털 헬스 기술에 기반한 보훈환자의 만성질환 관리를 위한 디지털 진료의 개발과 확산이 필요하다. 지리적으로 넓게 분포하는 보훈환자를 체계적으로 관리하기 위해서는 전국 보훈의료기관의 전산망 통합과 이를 개인 휴대전화와 실시간으로 연결하는 디지털서비스 제공이 필요하다.

다섯째, 향후 전쟁 관련 보훈환자가 고령화로 거의 종결되고, 공상자와 중장기 복무 제대 군인이 보훈환자의 대부분을 차지할 것으로 예상되므로 이들을 위한 진료 서비스 체계를 사전에 준비할 필요가 있다. 지역주민을 위한 통상적인 진료 서비스 체계도 강화해야 할 것이다. 이를 위해 의료 인력과 의료 시설을 보강하는 한편 보훈병원의 입지를 고려해 교통 접근성이 편리한 곳으로 보훈병원을 이전하는 방안도 중장기적으로 검토해야 한다.

보훈의료 의대·간호대 설립 추진을

여섯째, 국군병원과 보훈병원의 연계와 협력이 필요하다. 현행 군 의료 체계는 군 장병에게 적절한 수준의 의료를 제공하기에는 의료 시설과 의료 장비, 의사 인력의 부족 등 여러 가지 어려움이 있으므로 전문적인 의료 시설과 의료진을 갖춘 보훈병원과 연계, 협력을 통해 부족한 군 의료 자원을 보완할 수 있고, 국군 장병들에게 질 높은 의료 서비스를 제공할 수 있다.

마지막으로 보훈병원을 운영할 의사와 간호사를 충분히 확보해야 한다. 이를 위해 보훈의료에 특화된 의과대학과 간호대학의 설립이 필요하다. 우리나라는 현재 의사와 간호사 모두 부족한 상황인데, 특히 공공의료기관의 의료 인력 부족은 더욱 심각한 상황에 직면해 있다. 보훈의료 부문에서 의대와 간호대를 설립하면 보훈병원뿐만 아니라 경찰병원, 소방병원, 군병원, 적십자병원 등을 운영할 의료 인력으로 공동 활용할 수 있을 것이다. 보훈병원의 의료 시설이 잘 갖추어져도 병원을 운영할 수 있는 의료 인력이 뒷받침되지 않으면 보훈의료 기능을 제대로 수행할 수 없다는 점을 고려해야 한다.

지난 수십 년간 전국의 공공병원 중 성공 사례와 실패 사례를 비교분석해 보면 보훈의료의 미래가 보인다. 취약계층 환자 위주로 진료하거나 의과대학의 지원이 없는 지방의료원과 교통요지에서 벗어난 지방의료원은 거의 폐업 직전이지만 교통 요지에 위치하고 국립대학병원과 연계해 건강보험환자의 진료 기능을 강화한 지방의료원은 모두 성공했다. 보훈의료에 특성화된 의과대학과 간호대학이 설립되면 진료기능뿐만 아니라 보훈의료에 특화된 연구 기능도 기대할 수 있다. 보훈의료의 미래는 지금부터 준비해도 결코 빠르지 않다.

연인원 500만명 진료…코로나 상황서 공공의료 역할 수행

보훈병원의 오늘과 내일

— 나라사랑신문 특별취재반

한국보훈복지의료공단은 현재 중앙보훈병원을 비롯해 부산, 대구, 광주, 대전, 인천 등 6개 보훈병원에 총 3,458병상을 갖추고 국가유공자 진료에 최선을 다하고 있다. 올해의 경우 연인원 기준으로 보훈병원에서만 128만명의 입원진료, 376만명의 외래진료가 계획돼 있다.

보훈병원은 병원별로 특성화된 전문 진료를 실시함으로써 '국가유공자를 위한 팀웍'을 발휘하는 한편 각 병원별 서비스 활성화를 위해 노력하고 있다.

서울의 중앙보훈병원은 전문 진료 센터 육성을 통해 상급 종합병원 수준의 의료 품질 향상에 집중하고 있다. 이를 위해 암, 심혈관, 혈관중재 센터 등 전문진료 센터 중심의 진료 체계를 안정화시키고, 지난해 개소한 로봇수술 센터 등 정밀수술과 중증 전문 질환 역량을 강화해 나가고 있다.

지방보훈병원은 부산과 대구가 심혈관 등 심장질환 진료, 광주가 심장·척추·뇌신경 진료, 대전이 소화기·호흡기 등 내과진료를 중심으로 보훈대상자의 질환에 맞는 전문분야 특성화를 추진하고 있다.

이와 함께 각 병원들은 초고령화에 접어든 국가유공자 환자들의 특성을 감안해 급성-재활-요양 융합형 진료 전달 체계를 갖춰 만성질환 관리 강화와 함께 맞춤형 재활의료 서비스를 활성화해 나간다는 방침이다. 보훈공단은 이를 위해 내년까지 부산과 광주보훈병원에 요양병원을, 부산·광주·대구·대전보훈병원에 재활 센터 건립 공사를 추진하고 있다.

한편 공단과 각 보훈병원은 공공의료 서비스 확대 차원에서

부산보훈요양병원과 재활센터 착공식

2020년 발생한 코로나19 이후 민간 의료에서 해내기 어려운 역할을 자임, 공공의료의 가치를 증명해 보이기도 했다.

코로나 확산 초기 대구보훈병원은 전국 최초로 감염병 전담병원을 운영했고, 보훈병원 의료진 42명이 대구 파견을 자원해 대구의료원 등 감염병 전담병원에서 근무하기도 했다. 이후 대전, 중앙, 광주보훈병원까지 감염병 전담병원으로 지정돼 확진자 7,500여 명을 치료했다. 공단은 이 과정에서 확보한 진료 노하우 등을 대응 매뉴얼로 만들어 전국 300병상 미만의 중소병원 129개에 전수하기도 했다.

보훈과 문화

- 문화로서의 보훈 정착 위한 전략·기획 필요 …
  일상 속 보훈, 다양한 플랫폼 활용해야

박경목_ 서대문형무소역사관

'문화'라는 말은 참으로 다양하게 쓰인다. 그것은 나라별로 '한국 문화' '미국 문화' '중국 문화'라든가, 대륙별로 '아시아 문화' '유럽 문화' '아메리카 문화' 등 특정 지역의 제반 문화현상을 통칭하는 말로 쓰인다. 또 생로병사에 관한 고유 관습의 특성을 나타내는 '결혼 문화' '장례 문화' 등과 의식주의 형식을 규정하는 '복식 문화' '음식 문화' '주거 문화' 등 일상생활의 풍습을 표현하기도 한다. 이외에도 다양한 행위, 절차, 제도, 규범 등이 '문화'라는 말과 결합해 쓰이고 있다.

즉, 문화는 인류 역사의 탄생부터 지금까지 인류가 축적해 놓은 모든 것-의식주, 언어, 풍습, 종교, 예술, 학문, 문학, 제도 등-의 특성이 녹아있는 특정 사회의 여러 현상을 일컫는다. 따라서 문화는 매우 방대하면서도 구체적이고, 또 매우 보편적이면서도 특수한 이중적, 다원적 서사 구조를 가지고 있다.

'보훈'도 이러한 문화 가운데 발현되는 하나의 사회 현상이다.

국가보훈기본법 제1조에서 규정한 '국가를 위하여 희생하거나 공헌한 사람의 숭고한 정신을 선양하고 그와 그 유족 또는 가족의 영예로운 삶과 복지 향상을 도모하며 나아가 국민의 나라 사랑정신 함양에 이바지'하는 행위에 속하는 제도, 규범, 관습 등 일체의 문화적 산물을 '보훈 문화'라고 할 수 있다.

그러나 보훈 문화는 상당히 포괄적이어서 구체적으로 '무엇'이라고 정의내리기 어려운 표현이다. 이는 보훈 문화의 개념이 아직 정립되지 않았다는 것을 의미한다. 그럼에도 보훈 문화라는 말은 마치 하나의 단어처럼 쓰이고 있다.

그러나 표준어로서의 보훈 문화라는 단어는 존재하지 않는다. 다만 보훈과 문화가 합쳐진 합성어로 존재할 뿐이다. 보훈 문화라는 단어가 표준어로 쓰이는 그때가 바로 문화 현상으로서의 보훈이 정착되는 시기이다.

보훈, 문화로서의 가치와 조건

문화로서의 보훈이 우리 사회에 발현되기 위해서는 우리 일상에서 아주 당연한 것으로 인식되고, 지속적으로 습득·공유·계승되어야 한다. 예를 들어 한국 사람이 한국에서 식사할 때 쌀

밥 먹는 것을 아주 당연한 것으로 인식하고, 이에 대해서 한 치의 의구심도 없으며, 그 양식이 후대에 계속 전해지는 것, 이것이 문화인 것이다. 보훈 역시 그 행위가 아주 자연스러운 것, 당연한 것, 한 치의 의구심도 없는 생활 속의 일부가 되었을 때 비로소 보훈도 하나의 문화 현상, 곧 보훈 문화로 정착될 수 있다.

문화의 조건은 일정한 지역에서, 일정한 기간에, 그 지역의 사회구성원이, 습득·공유·계승하고, 그것이 행동이나 생활양식으로 규범되며, 그 과정에서 형성된 유형 무형의 정신적 또는 물질적인 일정한 형태의 발현이다.

보훈 역시 문화로 정착되기 위해서는 위 조건에 부합하는 일련의 시간과 공간 배열과 사회 구성의 노력이 필요하다. 한국에서, 언제부터, 우리나라 사람들이, 계속해 오며 전승한, 특정한 보훈 행위가 일정한 양식으로 습득·공유·계승되어야 한다. 이러한 과정을 거쳐 보훈이 문화로 정착된다는 것은 우리 사회가 '국민 누구나 국가에 희생하거나 공헌한다면 그에 합당한 권리와 대우를 받게 되는 사회'로 당연시된다는 것이다.

이렇게 문화로서의 보훈은 우리 사회와 시민들, 나아가 국가의 수준과 품격을 한 단계 성숙시킬 수 있는 '문화원형(文化原型)'으로서 큰 가치와 의미를 지닌다.

문화로서의 보훈, 확산을 위한 전략과 기획

이제 우리는 문화로서의 보훈을 우리 사회에 자리매김하기 위한 방법론을 고민해 보아야 시점이다. 현재 우리나라의 보훈 정책이나 사회 제도는 강화되고 있으며, 국가에 희생하거나 공헌한 사람들에 대한 시민들의 존경과 예우도 널리 인식되고 있다. 이렇듯 보훈이 문화로 정착될 수 있는 기반이 충분히 갖추어져 있다.

다만 문화 발현의 초기 단계에서는 그것을 하나의 문화 현상으로 이끌어 낼 수 있는 주체가 필요하다. 한국 대중가요(K-Pop)처럼, 나아가 한국 문화 전반이 전 세계에서 인정받는 것이 단시일에 일개인에 의해 이루어진 것이 아닌 것과 같이 보훈 문화도 장기적인 시간투자와 국민 전체를 대상으로 확장되어야 한다. 그런 면에서 그것을 선도적으로 이끌어 가며 전략적인 기획을 통해 확산해 나갈 수 있는 주체가 요구된다는 것이다.

현재 이를 주도적으로 해 나갈 수 있는 기관은 국가보훈처이다. 국가보훈처는 다양한 보훈정책 가운데 선양, 기념, 현충시설, 공훈 관리 및 발굴 등의 업무를 통해 문화적 측면에서의 보훈에 접근하고 있다. 그러나 해당 부서의 고유 행정 업무가 있기 때문에 보훈 문화 사업은 부차적인 것이 될 수밖에 없는 상황이다.

따라서 문화로서의 보훈에 대한 전략을 기획하고, 그것의 확산을 전담할 인력 양성과 조직 구성이 필요하다. 이와 관련해 조직으로는 보훈교육연구원이 '보훈의 가치와 의미를 확산하고 정책에 반영'시키기 위해 '보훈 교육과 연구' 분야에서 관련 업무를 충실히 수행하고 있다. 그러나 보훈교육연구원은 한국보훈복지의료공단이라는 의료복지 전문 기관에 소속되어 있어 보훈 문화 사업의 전담 조직으로 역할하기에는 태생적 한계가 있다.

보훈교육연구원의 운영 취지와 그동안의 사업 실적을 살리면서 보훈 문화를 적극 선도할 수 있을 새로운 기관 기능의 발전적 재정립이 필요하다. 이와 관련해 최근 국회에서 「보훈 문화 진흥에 관한 법률안」(2021.6.29)이 발의된 것은 주목할 만한 일이다.

이 법안 제2조는 보훈 문화를 '국가와 사회를 위하여 희생·공헌한 사람들의 숭고한 정신을 기억하고 계승함으로써 공동체의 일체감을 높이는 문화 활동과 그 문화적 산물'로 정의하고 있다. 지금까지 논의한 문화로서의 보훈을 일목요연하게 정의하고 있다. 법안의 주요 내용은 보훈 문화 확산기관 지정(제10조), 보훈 문화 전문 인력 양성(제12조)을 비롯하여, 궁극적으로 기존 보훈교육연구원을 승계(부칙 제3조)한 보훈 문화진흥원의 설립(제14

조)을 규정하고 있다. 이 전담 기관을 통해 보훈의 가치와 의미를 확산, 문화적으로 정착시키려는 것이다.

우리 시대 보훈의 문화화를 지향하는 매우 시의적절한 법안이다. 이 법안이 조속히 통과되어 우리 사회에 보훈이 하나의 문화로 자리 매김하는 시기가 곧 다가오기를 기대한다.

일상 속의 보훈, 인식의 전환

일제강점기 독립운동 전선에서 일제와 투쟁하다 감옥에 수감된 생존 지사들의 증언을 들어보면 한결같이 '목숨 내놓고 하는 것'이라는 희생정신이 기저에 있다.

그들은 빼앗긴 나라를 되찾기 위해, 민족을 위해 일신의 안위와 가족을 모두 버리고 헌신한 것이다. 그 정신은 6·25 한국전쟁기에 젊은 군인들에게, 어린 학도병들에게, 국민들 개개인에게 이어져 북한에 맞서 싸운 원동력이 되었다. 그리고 해방 후 서슬 퍼런 독재정권에 맞선 민주화 운동 속에서도 희생정신은 면면히 이어졌다.

그 정신이 1950년대 빈곤한 나라에서 2021년 지금 경제와 민주화를 동시에 이루어낸 선진국으로 발돋움하는 기저가 되었다. 그것이 바로 보훈 문화이다. 우리도 모르는 사이에 보훈이 우리 스스로에게 습득되어 공유되고 계승되어 왔던 것이다. 주변을 둘러보면 가까이에 독립·호국·민주, 사회공헌과 관련된 유적지나 기념관, 전시관 등의 많은 공간들이 있고, 각종 기관이나 단체에서 진행 제공하는 프로그램과 콘텐츠가 즐비하다.

중앙과 지방정부는 독립운동이나 한국전쟁, 민주화 운동 관련 사적지를 발굴, 보존 선양하여 시민들에게 알리고 있으며, 관련 기념관 건립 등의 사업도 활발히 진행하고 있다. 국가보훈처 역시 국내외 사적지 탐방, 보훈 문화상 시상, 이달의 독립운동가, 이달의 호국인물 신양 사업 등을 통해 시민들에게 보훈을 인식시키데 최선을 다하고 있다. 이렇듯 보훈은 일상 속에서 다양한 문화로 존재해 왔다. 다만 그동안 우리의 인식에서 멀어져 있었을 뿐이다.

이제 우리 스스로 보훈에 대한 인식을 전환할 때이다. 나와 상관없는 먼 곳의 일이 아닌, 내 주변 가까이의 시설을 이용하여 국가를 위해 희생 공헌한 이들에 대한 기억을 떠올리는 것, 그것만으로도 우리는 일상 속에서 보훈을 실천하는 것이다.

나아가 각양각색의 플랫폼-언론, 방송, 모바일, 연극, 영화, 게임, 음악, 미술, 문학 등등-으로 제공되는 다양한 콘텐츠를 접하

는 것도 보훈에 관한 문화적 행위이다. 또 독립·호국·민주, 그리
고 사회공헌과 관련된 각종 강좌와 체험, 탐방 프로그램 등에 참
여하는 것도 보훈을 문화로 습득·공유·계승하는 것이다. 보훈
은 시민들이 주체가 되어 향유하는 것, 즉 보훈 문화로 자리 잡
아 가고 있는 것이다.

기억과 공유, 전국의 기념 공간들

— 나라사랑신문 특별취재반

국가를 위한 '희생과 공헌'에 대한 기억, 그것은 공동체적 가치
에 대한 이해와 함께 실제로 보이는 실물을 통한 구체적 경험의
공유로 이어진다. 우리는 이 땅의 역사적 현장과 함께 상징물 혹
은 기념 공간을 통해 헌신한 선열의 나라 사랑 정신을 기리고,
그것을 공동체 미래를 위한 동력으로 삼는다.

독립·호국·민주의 역사와 정신을 대표적인 공간으로는 가장
먼저 전국의 국립묘지를 꼽을 수 있다. 2개 서울·대전의 현충원

과 지방의 호국원, 민주묘지가 그것이다. 넓게는 세계에서 유일한 유엔 묘지인 부산 유엔 기념공원도 이 범주에 포함시킬 수 있다. 현충일과 각 기념일 행사가 이뤄지는 이곳은 선대를 모신 유족에게는 추념의 공간으로, 일반 시민들에게는 오늘의 우리를 있게 한 이들에 대한 기림과 학습의 공간으로 위치한다.

우리는 나라를 되찾기 위해, 지키기 위해, 바르게 세우기 위해 헌신한 선열의 정신을 좀 더 분명히 확인하고 잇기 위해 역사 현장과 함께 그 가까운 곳에 세워진 다양한 기념관을 찾을 수 있다. 독립 관련 기념관은 아우내 만세운동 현장에 가까운 천안의 독립기념관, 독립운동가들이 일제의 악랄한 고문생활을 견뎌낸 서울의 서대문형무소역사관, 올해 말 개관을 목표로 공사 중인

충남 천안 독립기념관

국립대한민국임시정부기념관 등이 있다. 백범김구기념관과 매헌윤봉길의사기념관 등 특정 의사와 열사 기념관 등도 여러 곳에서 운영되고 있다.

호국 기념관으로는 서울 용산의 전쟁기념관과 함께 낙동강전투 현장인 경북 칠곡의 칠곡호국평화기념관, 전남 순천의 호남호국기념관이 있다. 이 외에도 크고 작은 규모의 기념관들이 치열했던 전투 현장 인근에 지역별로 산재한다.

민주 기념관으로는 서울 강북구 4·19민주묘지에 세워진 4·19혁명기념관과 광주의 광주광역시4·19혁명역사관, 경남 창원의 3·15기념관, 광주광역시의 5·18기념공원과 5·18자유공원 등이 대표적인 곳이다.

우리는 가장 가까운 곳, 생활 속의 현장과 기념관에서 공동체의 유지·보전·발전을 위해 노력하고 헌신한 이들의 고귀한 삶을 생생하게 느끼곤 한다. 그리고 우리는 그 마음을 이해하면서 지금의 삶을 더 의미 있게, 함께 내일로 향하게 한다.

한편 국가보훈처는 이들 다양한 기념관과 박물관 등을 휴대전화 등으로 검색하고 정보를 확인할 수 있는 '내손안의 보훈기념관' 서비스를 준비하고 있다. 오는 9월 중 최종 서비스 개시를 목표로 한다.

통일시대를 향한 보훈

- 국가와 민족에서 출발하되 세계를 향하고 …
  존엄한 삶 품고 '번영의 한반도' 지향해야

서보혁_ 통일연구원

남북관계와 통일 여론

　광복 76돌을 보낸 이 시각, 한반도 통일의 시계는 어디를 향하고 있을까? 총성이 그친 1953년 7월 27일을 기준으로 볼 때 2021년 8월 지금은 몇 시인가? 12시가 통일이라고 한다면 6시는 넘어섰는가?

　국민들의 통일의식을 정기적으로 조사하고 있는 전문기관의 통계를 보면 지난 10여 년 동안 통일에 대한 지지도는 50% 선을 넘지 못하고 있다. 과거에 비해 2 0% 가까이 줄어든 것이다. 여기에 통일의 첫 번째 이유로 거론되던 민족 재결합에 대한 응답치도 줄어들었다. 대신 전쟁 위험 제거와 같은 평화의 가치가 높아졌고, 이산가족의 고통 해소가 그 뒤를 잇고 있다. 이어 한국의 선진국화라는 응답도 보인다. 한편 미래 통일의 주역이 될 청년층의 통일 지지도는 30%로 나타나고 있다. 여기서 하나 주목할 현상은 통일이 집단(민족이나 국가)에 줄 편익과 개인에 줄 편익의 차이가 커지고 있다는 점이다.

이렇게 다양한 통일과 관련한 여론이 시사하는 바를 한마디로 요약하기에는 무리가 있다. 그럼에도 기존의 집단주의적 통일론의 정당성에 대한 지지도가 하락하는 데 비해 평화, 인권, 인도주의 등 보편 가치와 나의 미래와 같은 실용주의적 시각이 높아지는 추세는 뚜렷해지고 있다. 또 보건·기후위기와 같은 세계적 문제들과 통일 문제를 별개로 생각해 온 관성에 문제가 있다는 반성도 귀 기울일 만하다.

남북관계는 전진과 후퇴를 거듭하는 일종의 '규칙성'을 띠고 있는데 지금이 어느 쪽을 향하고 있는지는 전문가들도 쉽게 합의하는 못하고 있는 상황이다. 2018년 판문점, 평양, 그리고 싱가포르에서 남북, 북미 정상회담이 열렸고, 이후 시범적이나마 합의 이행 노력도 해 보았지만 결국 큰 진전 없이 핵 문제로 대화가 중단되고 말았다. 전쟁을 거친 장기간의 불신이 단기간의 협력 노력을 쉽게 덮어버리는 형국인 셈이다. 이런 가운데 통일을 내다보며 보훈을 더 멀리, 더 넓게 생각하는 것은 어떤 의미가 있을까?

남북의 보훈제도 비교

남북은 통일을 숙명으로 안고 있는 분단체제를 구성하면서 그 주도권을 둘러싸고 대립과 협력을 거듭해 왔다. 여기서 '통일을 향한 보훈'은 남북이 체제상의 차이에도 불구하고 통일 한반도를 대비하는 차원에서 논의하는 의미가 있다. 그중 남한이 먼저 할 수 있는 일을 찾아보는 것이 필요하겠다.

원론적으로 이야기하자면 보훈제도는 모든 나라에 존재한다. 보훈은 그 나라의 존재 자체와 이념 수호, 국민 보호를 위해 헌신·희생한 사람들과 그 가족에 대한 위훈과 보상, 그리고 제반 선양사업을 일컫는다. 그러나 서로 적대했던 국가들 사이의 보훈제도는 상호 인정할 수 없는 내용이 포함되어 있어 해당 국가들 사이의 관계 발전에 걸림돌이 되기도 한다.

냉전시대 자유 진영과 공산 진영 사이의 대립이 대표적인 큰 예이다. 또 이념 대립과 관계없이 과거 영국과 독일, 독일과 프랑스, 현 남북 사이프러스, 한중일 사이에서도 각각의 보훈정책에는 상호 수용할 수 없는 내용이 포함되어 있다.

남북의 보훈제도에는 공통점과 차이점, 그리고 통일 보훈정책을 설계할 때 계승할 부분과 지양할 부분이 공존한다. 공통점은 국가에 헌신한 사람들에 대한 위훈과 보상이라고 할 수 있다. 전쟁을 비롯해 상대를 적대시하며 군사 활동을 하다가 희생당한 사람들이 여기에 속할 수 있다. 이런 경우는 통일 보훈을 고려할 때 논외로 미뤄 놓을 수밖에 없다. 물론 통일 보훈제도를 논하더라도 분단이 지속되는 한 남북 각각의 기존 보훈제도는 지속될 것이다.

그러나 계승할 만한 공통점을 찾을 수 있다면 우리는 여기에 주목할 필요가 있다. 남한의 경우 민주화 운동 희생자와 국민 생명 보호에 힘쓰다 희생된 사람들, 북한의 경우 체육·예술·과학자들이 해당하는 '공로자'들은 계승을 검토할 만하다. 물론 이 경우도 남북 간 체제의 차이로 인한 이념적 성향에서 완전히 벗어날 수는 없겠지만, 통일 한반도의 통합과 보편 가치를 염두에 둔다면 서로가 함께 전향적으로 생각해볼 수 있을 것이다.

그리고 '계승'과 '지양' 사이에서 보다 깊은 토의가 필요한 부분이 바로 독립운동 유공자들에 대한 보훈이다. 남한은 최근 들어 독립유공자들을 폭넓게 보훈 대상에 포함하고 있는데 아직 이념적 제약에서 완전히 자유롭지는 않은 상황이다. 반면 북한의 경우는 김일성 주도의 항일빨치산운동 참가자로 보훈 대상을 분명히 한정하고 있다.

만약 남한이 광의의 보훈제도를 적용해 북한의 보훈 대상을 포함시킨다면, 그리고 북한이 기존의 한계를 넓혀 남한의 입장으로 수렴한다면 그 자체가 통일 보훈의 첫 번째 영역이 될 수 있을 것이다. 우리의 「국가보훈기본법」을 기준으로 본다면 '일제로부터의 조국의 자주독립'과 '국민의 생명 또는 재산의 보호 등 공무수행'에 헌신하고 희생한 분들로 통일 보훈의 1차 대상으로 삼을 가치가 크다. 이 부분은 통일을 우리 민족의 과제로 생각한다면 피해갈 수 없는 매우 중요하고 의미 있는 논의의 출발점이 될 것이다.

통일 보훈제도의 방향

사실 통일 보훈제도의 구체적인 설계는 아직 시기상조인 것이 사실이다. 그래서 현재의 의견은 하나의 아이디어 수준에 머물 수밖에 없으며, 현실적으로 공론화할 내용이 되기도 어렵다. 우리에게 다가올 통일이 어떤 모양일 것인지에 따라 통일 보훈제도의 내용은 많이 달라질 수가 있다. 하지만 통일 한반도를 대비한다면 그에 걸맞은 보훈제도의 기본적인 방향만큼은 지금부터 검토할 필요가 있다.

통일시대 보훈제도의 방향을 검토하기 위해서는 먼저 통일시대를 규정하는 것이 순서일 것이다. 우리 헌법을 적용한다면, 통일은 평화통일의 방식이며 민주주의의 구현과 세계평화에 대한 기여라는 방향을 띠게 된다. 이는 평화가 통일의 수단 및 절차(소극적 평화)이자 동시에 그 목표(적극적 평화)임을 확인할 수 있다.

현재 나타나고 있는 우리 국민의 통일 여론과 지구촌의 여러 가지 '실존적 위기' 상황을 감안한다면 통일은 '민족 재결합'은 물론 '국민의 존엄과 삶의 질 향상'을 목표로 구상해 나가야 한다.

오늘날 지구촌은 기존의 고질적인 지역 분쟁 외에도 식량, 보건, 기후, 경제 등 많은 분야에서 지구 자체와 인류의 지속가능성의 문제도 심각하게 대두되고 있다. 이 상황은 또 우리 국민의 통일 여론의 변화와도 맞물려 있다. 이념과 집단주의를 벗어나지 못한 통일관은 냉전 시대와 가부장제 사회, 그리고 성장 중심주의 시기에서는 통용되어 왔는지 모른다.

그러나 오늘의 현실은 민주화, 개방화, 정보화 시대에 맞는 새로운 방향의 통일관이 필요한 상황이다. 그것은 바로 평화주의와 실용주의에 바탕을 둔 것이어야 할 것이다. 우리 헌법은 이런 대안적인 통일관도 포용한다. 그래서 한반도는 세계에 열려 있을 뿐만 아니라 대내적으로 민주주의를 더 깊고 더 넓게 발전시켜 가야 하는 과제도 안고 있는 것이다.

통일 보훈제도의 범위

이런 상황에서 통일 보훈제도를 그려 본다면 분단시대의 희생자들에 대한 추모와 교육을 지속해 나가되, 통일시대의 방향에 부응하지만 그동안 소외받아 온 희생자들에 주목할 필요가 있다. 7·4남북공동성명에서 남북이 합의한 통일 3원칙(자주·평화·민족대단결)에 부합하면서 통일에 헌신한 분들에 대해 남북이 공동으로 선양하는 것도 통일시대 보훈제도의 큰 걸음이 될 수 있다.

이를 위해서는 우리가 먼저 사회 각 방면에서 대화와 공감을 바탕으로 한 보훈 교육·문화사업을 활성화해 나가면 좋을 것이다. 예를 들어 유엔 헌장의 정신을 구현하려다 이역만리에서 희생당한 우리 국민, 그리고 비무장지대(DMZ)에서 전사자의 유해를 발굴하다 지뢰 피해를 본 남북 공동사업단원 등 인류의 보편가치 속에서 예우할 만한 희생을 보훈의 틀에서 어떻게 정리할 것인지에 대한 고민도 할 수 있을 것이다.

요컨대 통일을 향한 보훈은 국가와 민족에서 출발하되 세계를 향하고 이 땅에 사는 사람들의 존엄한 삶을 품어 안는 일이 되어

야 하지 않을까. 이 과정에서 '통일 시계'도 점점 더 튼튼한 심장
으로 달려 '번영의 한반도'에 다가갈 수 있을 것이다.

보훈의 미래가치

- 보훈, 국민통합과 인류공동체 형성에 기여 ···
  미래 건강하게 앞당기는 동력 지향

이찬수_ 보훈교육연구원

시간은 다르게 흐른다

　흔히 시간은 과거에서 현재를 거쳐 미래로 흐른다고 생각한다. 시계와 달력을 보고 같은 시간대에 뉴스를 듣다 보니 누구나 동일한 시간을 살아가는 것처럼 상상하곤 한다. 하지만 사람들이 경험하는 시간은 다르다. 시간은 시각, 청각, 촉각 등 인간의 감각기관이 포착한 어떤 대상이 특정 지점 사이에 변화한 정도를 일컫는 말이다. 시간은 사실상 인간의 경험과 인식의 문제이다. 시간이라는 객관적 실재가 별도로 있는 것이 아니다. 보고 듣고 만지며 느끼고 해석하는 경험의 정도가 사람마다 다른 만큼 여러 주관적 시간들이 있을 뿐이다.

　마찬가지로 사람은 과거를 동일하게 경험하지 않는다. 저마다 자신이 관심을 두는 만큼 인식하며 그만큼만 그에게 유의미한 과거가 된다. 같은 한국인이라도 반드시 같은 역사적 경험을 하는 것은 아니다. 이같은 사실은 보훈과 관련해서도 중요한 시사점을 제공해준다.

다른 기억들을 조화시키다

보훈은 국가를 위한 희생과 공헌에 대한 보답이자 이를 통해 국민통합과 국가 발전에 기여하는 과정이다. 이때의 희생과 공헌은 독립, 호국, 민주, 국민보호에 기여한 정도를 기준으로 하며, 그 최종 목적은 국민통합과 국가 발전에 있다(「국가보훈기본법」 제1·2·3조 요약). 우리는 언제나 이 기본적인 사실을 간과해서는 안 된다. 문제는 저마다 다른 경험을 하고 살듯 독립, 호국, 민주, 국민보호의 정신과 가치에 대해 전 국민이 동일한 입장을 가지는 것은 아니라는 사실이다. 같은 사건에 대해 같은 경험을 하고, 같은 생각을 하지는 않는다는 것이다.

이런 상황에서 독립, 호국, 민주, 국민보호의 가치를 너무 협소하게만 받아들이면 관련 정신과 가치가 서로 충돌하면서 도리어 국민통합을 저해할 수도 있다. 가령 일제강점기에는 독립운동가였지만 사상적으로 친북적이어서 유공자가 되지 못하는가하면, 한때는 친일적이었지만 해방 후 반공적 자세로 북한의 남침을 저지하는 데 기여해 유공자가 되기도 한다. 이는 독립과 호국의 가치 중에 호국을 더 우선하는 사례이다.

때로 '호국'과 '민주'의 정신이 충돌하기도 한다. 가령 민주를 넓게 해석하면서 통일과 평화 지향성을 가지고 대북 포용적 운동을 하는 이들이 있는가 하면, 민주를 반사회주의 내지 반공산주의 차원에서 좁게 해석해 적대적 대북관을 갖는 이들도 있을 수 있다. 이곳에서 민주의 이름으로 진보와 보수가 갈등하게 될 가능성이 생기는데, 이때 국가 혹은 정부의 책임과 역할이 중요해지는 것이다.

국가는 민주에 대한 통합적 논리와 가치를 확보하고 확산시켜 민주의 이름으로 다른 가치와 충돌하는 사례를 줄여 가야 한다. 가능한 여러 입장들 간에 공유 지점을 확보하고 이를 확장시켜 국민통합에 기여해야 한다. 과거의 사건에 대한 비슷한 생각과 정서들이 공통의 기억을 전승하고 연대를 만들어내면서 비슷한 미래를 앞당길 수 있기 때문이다. 다만 그 연대가 타자에 대한 배타성으로 이어지지 않도록 언제나 다양성을 존중하는 자세로 그렇게 해야 한다.

미래는 아직[未] 오지 않은[來] 것이 아니라, 지금 과거를 기억하고 기대하는 만큼 오고 있는 것이다. 그런 면에서 보훈의 미래를 확보하기 위한 별도의 새삼스러운 노력이 필요한 것은 아니며, 오히려 보훈의 본래적 가치에 충실하면 미래도 자연스럽게 앞당겨진다고 할 것이다.

국제보훈은 자연스러운 귀결이다

한편으로 우리는 국제보훈을 더욱 확장시켜야 한다는 데 대부분 동의한다. 국가보훈처는 이를 위해 지난 해 「유엔참전용사의 명예선양 등에 관한 법률」(2020)을 제정한 바 있다. 한국전쟁 참전국과 참전용사에 대한 감사와 선양, 후손들과의 연계 강화, 현충시설 관리 등도 법적 절차에 따라 진행하고 있다. 참전국과의 교류협력도 미국 중심에서 필리핀, 남아공, 터키 등으로 확대해 가는 추세이다.

한국의 대통령들은 이제 해외 순방 중 한국전 참전용사를 만나 감사의 뜻을 전하며 그 정신을 선양하기 위해 노력하고 있다. 2021년 6월 21일 문재인 대통령과 조 바이든 대통령이 미국 백악관에서 한국전쟁 명예훈장 수여식을 열었고, 9월 22일에는 문 대통령이 하와이로 직접 가서 타계한 애국지사 2인의 후손에게 국가유공자 훈장을 추서하는 등 해외 독립유공자를 적극 발굴하고 서훈하는 정책을 펼치고 있다. 보훈의 미래가 국내를 넘어 국제로 나아가는 데 달려 있다고 생각하기 때문이다.

국제보훈 분야의 확장은 사실 새삼스러운 것이 아니다. 한국의 보훈 정책을 형성시킨 계기 속에 이미 국제적 차원이 들어 있다. 한국의 보훈 자체가 '일본'으로부터의 독립을 위한 항거 중에, '북한' 및 '중국'과의 전쟁 중에, '베트남'전 참전 중에 겪은 각종 희생과 상처에 대한 보답 아니던가. 한국의 보훈 정책 자체가 이미 국제적 환경 속에서 형성되어 온 것이다.

그뿐 아니다. 한국의 독립을 도와서 독립유공자로 서훈된 외국인들도 여러 명이다. 한국인에게도 익숙한 중국의 지도자 쑨원(孫文), 장제스(蔣介石)는 물론 스코필드(Frank W. Scofiel), 헐버트(Homer B. Hulbert) 등은 국가보훈처에서 선정한 독립유공자들이다. 그 외에도 해외 유공자들이 많다. 일본인도 여기에 해당될 수 있다. 설령 한국에 건너와 몸소 한국의 독립을 위한 운동까지 한 것은 아니지만 일본의 침략전쟁을 비판하고 식민지 정책을 성토했던 평화주의자들이 많았다. 고토쿠 슈스이(幸德秋水), 우치무라 간조(內村鑑三), 야나이하라 타다오(矢內原忠雄) 등 많은 이들이 일본 안에서 일제의 한국 및 중국 침략과 전쟁을 전면 비판하고 평화운동을 벌였다. 이들을 '광의의 독립공로자'로 선정해 물질적 지원은 아니더라도 정신적 선양의 필요성은 제기되고 있는 상황이다. 이 적극적 노력을 통해 한국 역사와 이들 공로자 간의 관계성이 긴밀해지고, 동아시아의 평화에 기반한 미래의 보훈을 앞당길 수 있을 것이다.

한국전쟁에도 국제성이 들어 있다. 국내에서는 한국전쟁을 동족상잔의 내전처럼 여겨온 경향이 있지만, 사실상은 전형적인 국제전이었다. 그것은 북·중·러, 한·미·일 등 국가적 이해관계 와 이념적 대립 구도에서 발단됐고, 크게 보면 일종의 '동아시아 대분단체제'와 같은 복잡한 정치 지형 안에서 발생했다. 이런 지형에서 16개국 이상이 한국전에 참여했고(의료지원국 6개국 별도) 미국, 러시아(옛 소련), 중국, 일본 등 한국의 영토적·이념적 분단에 관여한 국가도 여럿이다. 한국 방어에 도움을 준 국가와 참전 용사에 보답하고 교류를 확대하는 것은 보훈의 미래를 위해서도 당연하고 필요한 일이다.

진영 논리를 벗어나야 한다

이때 한국전 참전국에 대한 지원이 자칫 더 큰 진영 대립 혹은 '대분단체제'를 연장시키는 계기가 되지 않도록 조심해야 한다.

전쟁의 일차적 당사국이었던 중국, 베트남은 물론 한국전쟁에서 정책적으로 북한을 지원했던 러시아(당시 소련)와는 진작에 수교했고 자유로운 여행과 천문학적 규모의 교역도 하는 상황이다. 가장 치열하게 전쟁하며 수백만의 사상자를 낳았던 북한과도 대화를 모색 중이다. 이런 상황에서 보훈이 참전국끼리의 우의에만 골몰하면 이념적 분단체제를 강화하는 데 기여하게 될 가능성이 있다. 보훈이 미래의 것이 되려면 보훈의 이름으로 이러한 가능성을 잠재우거나 없애는 데까지 나아가야 하고, 장기적으로는 진영 논리를 벗어나야 한다.

세계는 이미 글로벌 시대에 접어들어 있다. 적어도 정보와 소통에서는 지역 간 물리적 거리가 거의 없어지고 '하나의 마을'처럼 됐다. 보훈이 이러한 현재적 상황에 충실하다면 보훈의 미래도 자연스럽게 그려진다. 최근의 '메타버스' 담론에서 보듯, 보훈의 미래도 오프라인 못지않게 온라인에서 더 활성화될 가능성이 크다. 온라인에 국경이 거의 없어진 것처럼 보훈도 국경은 물론 결국은 진영을 넘어 인류의 평화에 기여할 수 있어야 한다. 그래야 보훈이 지속가능해지고 미래가 앞당겨진다.

현재는 미래의 이정표다

물론 미래가 저절로 오는 것은 아니다. 그것은 공부하고 인식하고 준비한 만큼 다가온다. 그래서 미래를 위한 '정책'이 필요하다. 미래는 말 그대로 '오고 있는' 것이지 완전히 도래한 것이 아니다. 그것은 여전히 현재적 가능성의 영역이다. 그 가능성을 더 구체화하려면 보훈의 논리와 이념에 충실하면서 합리적이고 시의적절한 정책으로 뒷받침해야 한다.

정치학자 박명림 교수는 한국적 국제보훈의 지향과 가치에 대해 다음과 같이 정리한 바 있다. "21세기 한국 보훈의 핵심 기조와 방향인 보편보훈, 통합보훈, 미래보훈, 국제보훈 이 중 어느 하나도 소홀히 해서는 안 된다." 그가 언급한 네 가지 핵심 기조는 마치 삼각뿔의 네 면과 같다. '보편'은 '통합' '미래' '국제'와 통하고, '국제'는 '보편' '통합' '미래'와 통한다. '통합'도 '미래'도 어느 하나의 가치와 방향만으로는 확보되지 않는다.

이때 보편적이면서 통합적인 보훈을 위해서는 '민주'의 가치가 중요하다. '민주주의'가 시대와 상황을 넘어 만능의 지향점은 아니라 하더라도, 전 세계를 놓고 보면 많은 국가들의 여전한 대안이다. 무엇보다 한국만의 독특한 보훈대상자인 '민주유공자'는 세계의 민주주의 발전에 유용한 계기를 제공할 수 있다. 외국에는 거의 없는 한국식 '민주유공자' 개념을 민주주의 지향의 저개발 국가에 알림으로써 민주 지향적 시민들 간의 연대의 틀을 국제적으로 다지고, 한국적 보훈의 세계화에 기여할 필요도 있을 것이다. 그럴 때 보훈은 국민통합에 기여하는 한편 세계 시민적 차원의 보편성도 확보할 수 있을 것이다. 보훈이 인류공동체의 형성에 기여하고, 미래를 건강하게 앞당기는 든든한 동력이 될 수 있는 것이다.

4인 4색의 대화, 하나의 화두

- 보훈의 가치와 정책 공감이 통합 기제로 작동 …
지나온 희생의 역사 기억하며 미래 평화와 조화

참석자
김종성_ 전 국가보훈처 차장 / 심옥주_ 한국여성독립운동연구소장
유호근_ 청주대 교수 / 이찬수_ 보훈교육연구원장

〈사회·정리 : 나라사랑신문 특별취재반〉

사회　　각계의 좋은 평가 속에 '보훈, 미래를 위한 제언' 기획 시리즈가 지난달로 대단원의 막을 내렸습니다. 보훈 관련 현안을 분야별로 점검하고 정리하면서 향후 정책 방향을 가늠하고 과제를 찾는 좋은 시간이었던 것으로 평가해 봅니다. 지난 10회의 기획을 정리하면서 비대면으로나마 전문가들을 다시 모시고 종합 정리하는 시간을 갖도록 하겠습니다. 이번 시리즈에 참여하거나 집중해서 보신 소감을 먼저 들어보겠습니다.

　　김종성　《나라사랑신문》의 기획이나 기사의 품질이 많이 좋아졌다고 생각하고 있었지만 이번 기획안을 받아보고 솔직히 '너무 의욕이 앞선 것이 아닌가, 제대로 될까' 하는 우려가 없지 않았습니다. 주제가 주로 보훈의 가치, 역할과 관련된 상위 개념에 속하는 것이어서 자칫 추상적으로 흐

김종성

를 수 있다고 보았기 때문입니다. 보훈의 정체성과 국민통합, 평화, 문화, 여성 등의 관련성이나 맥락에 대한 연구는 아직 제대로 이뤄진 적이 없는 게 사실입니다. 그런 의미에서《나라사랑신문》의 이번 기획은 보훈정책의 큰 방향과 관련해 핵심 화두를 연 것만으로도 큰 의미가 있다고 생각합니다. 이번 기획을 계기로 각 분야에서 좀 더 구체적인 논의가 이어지기를 기대합니다.

　유호근　보훈의 의미를 깊이 있게 이해하려면 정치, 경제, 사회, 복지, 의료 등 분절화된 분과학문의 경계를 넘어서서 다양한 영역에서의 통섭(consilience)과 교류, 그리고 학문적 융합과 확장이 이루어져야 합니다. 그런 차원에서 이번 시리즈물은 보훈의 의미를 다양한 영역에 걸쳐서 폭

유호근

넓게, 그리고 깊이 있게 다뤘다는 점에서 의미가 크다고 생각됩니다. 사실 보훈은 이제까지 시공을 초월해 공동체의 존속과 발전에 영혼의 힘을 불어 넣어주는 역할을 수행해 왔습니다. 보훈의 가치를 깊이 인식하고, 보훈을 미래의 발전 동력으로 이용할 줄 아는 것이 부강한 나라가 되는 길이고, 그것은 또 우리 스스로가 지향하는 나라를 건설하는 핵심 요소의 하나일 것입니다.

이러한 함의를 깊이 있게 천착하면서 평화와 화합, 미래를 화두로 한 보훈의 시대 변화에 따른 새로운 패러다임과 미래상에 대한 성찰을 수행한 시리즈물로 평가하고 싶습니다.

이찬수　기본적으로 보훈은 국가를 위한 희생과 공헌에 대한 보답입니다. 그런데 현실적으로는 그것이 어떤 희생이고 무슨 공헌인지에 대해서는 관점이 다양해 통합적으로 판단하기 힘들 때가 많은 것도 사실입니다. 이번 기획은 보훈의 영역 가운데 특정 이념이나 영역을 부각시키지 않

이찬수

고, 다양한 관점을 인정하면서 가능한 한 통합적으로, 또 미래지향적으로 풀어갔다는 점에서, 그리고 보훈 전반의 문제의식과 과제를 잘 드러냈다는 점에서 의미가 크다고 생각합니다. 필자들의 고민과 깊이 있는 내용들이 우리 보훈의 미래를 내다보는 기초를 다지는 데 기여할 것으로 생각됩니다.

사회　각 회 원고를 쓰신 분들은 특별히 강조하고 싶으셨던 부분이 있었을 텐데요.

심옥주　제가 맡은 회차의 주제는 '여성과 보훈'이었습니다. 그

동안 보훈과 여성의 관계에 대한 고민은
그리 깊지 못했고 관련해서 연구하는 기
관이나 학자도 거의 전무했다고 볼 수 있
습니다. 그래서 제가 강조하고 싶었던 것
은 우리 역사의 현장에서 나라 사랑을 이
끌었던 민중의 대열에 그동안 소외되었던
여성의 존재와 역할도 이제는 분명히 주

심옥주

목해야 할 시점이라는 점이었습니다. 21세기 세상의 절반인 여
성의 존재와 역할이 주목되는 시점인 현재, 역사 속에서 여성의
정체성을 보훈 정신에서 찾는 것이 중요하다고 생각했습니다.
그리고 구체적으로는 국가적 차원에서 잊혀졌던 '대한 여성'의
나라 사랑 정신의 구현 사례를 재발견하고 이를 회복하려는 노
력, 예를 들면 기념관이나 행사, 연구 등 일련의 노력이 필요하
다는 점을 강조한 것입니다.

김종성 제가 맡은 주제는 보훈, 그리고 국가유공자의 정체성
과 관련된 것이었습니다. 우리는 흔히 보훈에 내재된 가치를 독
립, 호국, 민주정신에서 찾습니다만 현실에서 이 세 가지는 별개
로 인식되거나 갈등이 노출되는 경우도 없지 않았습니다. 우리
는 독립, 호국, 민주정신이, 밝음과 옳음을 지향하는 민족정기가

시대의 요구에 따라 각기 다른 색깔로 나타난 것이라는 것을 이해할 필요가 있습니다. 저는 케이팝(K-POP)에서 시작된 한류가 영화와 드라마, 그리고 연관 문화산업으로 이어지는 것처럼 민족정기 또한 세계 속에 빛나는 가치로 인정받을 수 있다는 것을 강조하고 싶었습니다.

이찬수 저는 보훈의 근본 목적인 국민통합과 국가 발전에 기여하도록 하기 위한 논리를 정립하는 데 초점을 두고 고민을 했습니다. 현재 보훈과 관련한 다양한 논의들이 있고, 또 있어야 하지만, 그것들이 다양성 속의 조화, 다양한 견해들 간의 공통점이 없다면 보훈에 대한 여러 생각들이 무질서와 갈등의 원인이 될 수도 있다는 점을 심층 분석해 보려고 했습니다. 이런 배경에서 보훈과 관련해 다양성을 존중하면서도 우리 사회 심층에서 통일성을 확보하는 과제의 중요성과 필요성에 대해 강조했습니다.

사회 문재인 정부는 과거 어느 정부 때보다 보훈을 강조했고, 그로 인해 국가유공자가 빛났던 시기였던 것으로 보입니다. 이 부분에 대해서는 어떤 생각을 가지고 계신지요.

김종성 첫째는 보훈을 국정의 중심에 올려놓았다는 것을 높이 평가하고 싶습니다. 최근의 정책과 정부의 움직임은 보훈이 국가의 유지와 발전의 핵심 요소라는 것을 분명히 각인시켜 주었습니다. 국가유공자 가족은 물론이고, 보훈 분야에서 일하는 사람들의 자긍심도 부쩍 높아진 것 같습니다. 다음으로는 실질적인 예우 수준의 향상입니다. 독립유공자 후손과 참전유공자에 대한 예우 강화와 의료·복지 서비스의 확대는 많은 진전을 이뤘습니다. 또한 국가유공자에게 국가가 정성어린 보살핌의 손길을 내민 점을 꼽고 싶습니다. 해외 순국선열과 국군 전사자 유해 봉환, 품격 있는 장례와 안장 지원, 국가유공자 명예선양 등은 큰 발전이라고 평가하고 싶습니다.

이찬수 일각에서는 문재인 정부가 북한과의 대화를 추구하기에 국방과 보훈에 취약하리라는 선입견을 가지기가 쉬웠는데 이를 불식시키고 북한에 대해 개방적이면서도 국방력도 강화하는 모습을 보였습니다. 평화와 안보라는 상이한 관점을 비교적 잘 조화시켰다는 것이지요. 가령 올해 6월 21일에 문재인, 바이든 두 대통령이 미국 백악관에서 열린 한국전쟁 참전자에 대한 명예훈장 수여식에서 고령의 한국전 참전자 양 옆에서 무릎을 꿇은 자세로 찍은 기념사진은 전쟁영웅에 대한 존경의 정도, 그리고 보훈에 대한 깊은 관심을 상징적으로 보여주었다고 할 것입니다.

심옥주 문재인 정부는 3·1운동 100주년이라는 역사적 시점에서 그 의미를 극대화하고 국민과 그 정신을 함께 나누기 위한 노력을 다했습니다. 이와 함께 국가유공자 발굴과 포상 정책을 확대함으로써 새로운 보훈정책의 지평을 열었다고 생각합니다. 물론 이러한 노력이 지속적으로 진행되어야 하고, 더욱 체계적으로 계속돼야 한다는 지적도 무겁게 받아들여야 하겠지요.

유호근 저도 심 소장님 지적대로 3·1운동 및 임시정부 수립 100주년 등의 각종 기념행사에서 국민적 공감을 바탕으로 국민에게 가깝게 다가가는 보훈이 되도록 노력한 것을 높이 평가하고자 합니다. 특히 여성·의병 등 그간 소외되었던 분들에 대한 발굴·포상 등 보훈의 사각지대를 해소하려는 실천적 노력은 커다란 성과가 되기도 했습니다. 그러나 한편으로 우리는 한반도 분단의 고착화와 지금까지의 대결과 갈등, 군사적 긴장 상황을 타개하고, 평화의 한반도, 미래를 선도하는 한반도를 만들어야 하는 시대적 소명이 여전히 남아 있다는 점을 기억해야 합니다. 이제는 보훈의 국민통합에 대한 가치와 공감을 함께하면서 국제보훈을 확장하는 등 내포와 외연을 더욱 강화해야 할 것으로 생각합니다.

사회　국가유공자에 대한 예우와 지원 관련해서 오늘의 '보훈 시스템'을 평가하고 필요한 과제를 찾는다면?

김종성　국가유공자에 대한 보상과 예우의 수준은 선진국에 비해서 손색이 없을 정도로 발전했습니다. 두 가지만 덧붙인다면, 첫째 국가유공자 발굴·심사 시스템의 보완입니다. 보훈의 본령이 국가를 위해 희생했거나 공헌한 분들을 찾아서 예우하는 것이라면 공적 기록을 확인하는 데 어려움을 겪는 독립유공자 후손 등을 위해 가칭 '보훈기록관'을 설치해 관련 기관의 소장 자료를 개방하고, 전문 인력을 통해 도움을 주는 방법을 검토할 수 있을 것입니다. 둘째는 시야를 더욱 넓혀 여성 관점에서도 보훈을 생각할 때라는 것입니다. 여성 독립유공자와 배우자에 대한 관심은 당연합니다. 여기에 여성상이자, 여성제대군인, 그리고 중상이자의 배우자 등에 대한 관심도 적극 기울여야 합니다. 이들을 위한 다양한 복지 프로그램이 검토되었으면 합니다.

심옥주　저도 같은 지적입니다만 보훈 시스템은 근래에 들어 획기적인 발전을 이룬 게 사실입니다. 여기에 앞으로는 서훈이 확정된 대상자뿐 아니라 서훈 신청과 진행 과정도 공개하고 지원하는 서비스가 추가됐으면 합니다. 이를 위해서는 선진국의 보훈시스템을 모델로 삼아 우리나라 실정에 맞게 적용하는 노력도 필요할 것입니다.

유호근 국가 구성원들이 가질 수 있는 정체성, 연대감, 보편적 정서 등을 공유하는 것은 보훈 정책의 튼실한 대내적 토대일 뿐만 아니라, 국가의 지속가능한 발전과 통합의 근간입니다. 그런 점에서 지금까지 수행해 온 보훈정책의 주된 맥락인 보훈대상자를 향한 지원 정책도 매우 중요하지만, 그간 소외되었거나, 지원이 미흡했던 사각지대를 해소하는 노력이 더욱 필요할 것이라고 생각합니다. 또한 이제는 국민의 애국심 고취나 보훈 문화의 확산에도 보다 집중적인 정책적 관심을 기울여야 할 것입니다. 이를 위한 구조 개편과 시스템의 마련도 필요할 것입니다.

이찬수 좋은 시스템은 관련자들의 공감적 자발성에 의해 이뤄집니다. 여기에 공공성과 공정성을 갖추면 더욱 자연스럽게 강력한 시스템으로 이어질 것입니다. 그런 점에서 저는 보훈의 한국사회적 의미와 의의에 대해 더 많은 국민이 공감할 수 있도록 하고 그 공감력을 보훈 정책 안에 다시 반영하는 순환 구조를 만드는 일이 가장 기본적인 과제라고 생각합니다. 최근 추진하고 있는 〈보훈문화진흥원〉을 반드시 출범시키고, 국민통합을 위한 공정한 보훈의 논리와 정신을 지속적으로 개발 및 확산시켜 가야 할 것입니다.

사회　최근 주목받고 있는 국제보훈의 가치와 방향에 대해서 어떤 생각을 가지고 계신지요.

유호근　6·25전쟁 당시 도움을 준 국가와 용사들에 대한 국제보훈의 수행은 우리의 국가 위상과 이미지 고양의 중요한 소프트파워 자산입니다. 즉, 인류의 보편가치로서 자유와 평화, 인권과 민주주의에 기초한 국제보훈을 위한 우리의 노력은 대한민국만이 가지는 유일무이한 외교적 자산이고, 국민적 자부심의 원천일 것입니다. 따라서 이러한 정신적 가치와 기능적 가치를 연동하면서 보훈의 가치와 국가 간의 상호 협력 아이템을 발굴해야 할 것입니다. 아울러 국제보훈 외연의 확장 과정에서도 기존에 이루어진 성과에 기반을 둔 실천 사업 등의 지속가능성을 확보하는 것이 중요한 과제일 것입니다. 또한 공공외교의 속성을 갖는 국제보훈의 경우는 내부적 소통과 공감이 무엇보다도 중요합니다. 아울러 기존의 관념과 고정된 가치관에서 탈피해 새로운 틀을 창출하는 국제보훈의 확장을 위해서는 과제의 설정, 추진 그리고 실천의 과정에서 패러다임 전환과 같은 획기적인 발상의 전환이 필요할 것입니다. 지금까지 국제보훈을 통해 많은 성과를 도출한 것을 바탕으로 앞으로는 이러한 국제보훈의 실천을 문화와도 연계, 확산시키려는 노력도 좋은 방안이라고 생각합니다.

심옥주 우리 연구소의 경우 지난 2019년부터 호주 선교사 서훈을 위한 발굴팀을 조직하여 추적 발굴을 진행한 바 있습니다. 많은 사람들의 노력으로 2년간 서류와 현장을 누비면서 선교사의 독립운동 공적을 확인했는데, 이 과정에서 호주 정부로부터 커다란 관심과 도움을 받기도 했습니다. 이런 작은 사례에서 확인할 수 있듯 국제보훈의 시작은 상호간의 신뢰를 깊게 하는 과정이고, 과거의 역사를 돌이켜 보면서 오늘 서로의 우의를 깊게 하는 과정이라 할 것입니다. 그 가치는 민간외교이기도 하고 역사외교이기도 하면서, 공식 외교 라인을 통해 이뤄지는 것을 뛰어넘는 큰 성과를 가져올 소중한 자산이라고 생각합니다.

이찬수 한국 보훈은 출발 자체가 국제적 차원에서 이뤄졌습니다. 현재 국가유공자의 대다수가 '일본'으로부터의 독립 과정, 6·25전쟁 과정, 베트남전 참전 과정의 희생과 공헌이라는 것을 생각하면 쉽게 이해가 될 것입니다. 특히 무엇보다 6·25전쟁에 16개국, 의료지원국을 포함하면 22개국이 한국과 함께했다는 사실에서 보훈의 국제성을 잘 확인할 수 있습니다. 그래서 저는 보훈의 정신과 논리는 보훈이 한국인 유공자만을 위한 보답이 아니라, 외국인 유공자의 정신까지 기리는 것이 당연하고 자연스럽다고 봅니다. 이제는 보훈의 취지를 두루두루 국제화해야 할 때인 것입니다.

사회   우리 사회의 뜨거운 과제인 '국민통합'과 '남북 화해·
협력' 등과 관련해 보훈은 어떤 역할을 할 수 있을까요.

김종성   국민통합에는 정치적 리더십과 경제, 사회정책 등의
다양한 요인들이 작용합니다. 그중에서도 보훈은 국민통합의
기저를 이루는 부분입니다. 공동체에 대한 강한 애착심과 결속
의 근거가 되기 때문입니다. 보훈이 국민통합의 역할을 다하기
위해서는 내부에서부터 통합을 이루는 한편 국가유공자와 보훈
단체의 적극적 역할이 필요합니다. 이를 위해서는 부단한 소통
과 함께 공동으로 참여하는 수범 활동을 통해 상호 이해의 폭을
넓히고 연대해 나가는 노력이 있어야 할 것입니다. 궁극적으로
남북 화해 협력도 국민통합의 바탕 위에서 추진될 수 있을 것이
기 때문입니다.

유호근   보훈정책은 임기가 정해진 정부의 정치적 시간과 연
동돼서는 안 될 것입니다. 진영의 논리에 경도되어서는 더욱 안
될 것이고요. 보훈의 가치와 정책에 대한 공감은 시민사회의 통
합의 기제로 작동돼야 합니다. 그런 면에서 21세기 대한민국의
보훈 정신은 대내적으로는 자유민주주의와 민주공화정의 보편

적 가치를 고양시킨 시민사회의 역할과 공동체 정신을 조명하는 것이어야 할 것입니다. 또한 보훈과 남북통합의 문제는 평화와 통일을 염두에 두면서 보훈가치의 외연을 확장하고, 보훈을 중심 가치로 남북통합의 미래를 설계하고 협력하는 방안을 찾도록 깊이 연구해야 할 것입니다.

이찬수 국가보훈기본법에서 규정하고 있듯 보훈의 주요 목적은 국민통합입니다. 보훈이 본래의 목적대로 국민통합에 기여하려면, 우리가 지나온 희생의 역사를 기억하면서도 미래 평화와 조화시키려는 노력을 지속적이고 다각도로 해야 할 것입니다. 그동안 우리의 보훈 정책은 이 부분이 약했음을 잊지 말아야 합니다. 보훈을 통해 국민통합과 한반도의 평화에 기여하기 위한 논리를 발굴하고, 이를 교육을 통해 확산시킬 수 있도록 해야 할 것입니다.

심옥주 국민통합과 남북 화해를 향한 길목에서 보훈은 그 길의 안내자 역할을 해야 합니다. 현재 서훈을 받은 여성 독립운동가의 40% 이상이 이북지역에 출생지를 두고 있다는 점에서 독립의 역사는 우리 민족 전체의 역사입니다. 남녀의 구분이 없었고 지역의 구분이 없었던 독립운동의 역사는 바로 남과 북이 공감할 수 있는 부분입니다. 남북 화해의 길, 국민통합의 길에서

'독립의 역사'는 상호 공감대를 형성하는 핵심 주제가 되고, 그것을 근거로 새로운 미래를 열어 갈 수 있으리라 생각합니다.

보훈교육연구원 보훈문화총서14

독립 · 호국 · 민주의 미래와 보훈의 가치

등록 1994.7.1 제1-1071
1쇄 발행 2021년 12월 31일

기   획 나라사랑신문 · 보훈교육연구원
지은이 이찬수 정운현 김종성 박명림 이영자 심옥주 김진현 박경목 서보혁
펴낸이 박길수
편집장 소경희
편   집 조영준
관   리 위현정
디자인 이주향
펴낸곳 도서출판 모시는사람들
        03147 서울시 종로구 삼일대로 457(경운동 수운회관) 1207호
전   화 02-735-7173, 02-737-7173 / 팩스 02-730-7173
홈페이지 http://www.mosinsaram.com/

인   쇄 (주)성광인쇄(031-942-4814)
배   본 문화유통북스(031-937-6100)

값은 뒤표지에 있습니다.
ISBN   979-11-6629-079-4   04300
세트   979-11-6629-011-4   04300